**TATORT
GESCHICHTE**

Fabian Lenk

FALSCHES SPIEL
IN DER ARENA

Illustrationen von Anne Wöstheinrich

Für Yannick

*Der Umwelt zuliebe ist dieses Buch
auf chlorfrei gebleichtem Papier gedruckt.*

ISBN 978-3-7855-4232-3
5. Auflage 2008
© 2002 Loewe Verlag GmbH, Bindlach
Umschlagillustration: Hauke Kock
Umschlagfoto: photodisc
Printed in Germany (007)

www.loewe-verlag.de

INHALT

Verlierer im heißen Staub 11

Verräterische Antworten 23

Ein Mann wird gejagt 37

Böses Spiel im Theater 48

Das rätselhafte Puzzle 58

Ein unheimlicher Auftritt 68

Eine Villa wird gestürmt 79

Der Überfall der Maskenmänner 88

Das Duell 100

Lösungen *114*

Glossar *116*

Zeittafel *118*

Julius Cäsar und seine Zeit *119*

Die Verfassung der römischen Republik *122*

VERLIERER IM HEISSEN STAUB

Die Menge schrie, tobte, raste. Hunderttausend Römer, dicht gedrängt im Circus Maximus. Eine gigantische Rennstrecke, 800 Meter lang, 80 Meter breit. Am Start standen vier leichte, zweirädrige Wagen – die Quadrigen, vor die jeweils vier Pferde gespannt waren. Die Flanken der stolzen Rösser bebten. Manche warfen unruhig ihre Köpfe hin und her, tänzelten nervös auf der Stelle. Bunte Perlen blitzten in den Mähnen der Tiere.

Die Wagenlenker trugen Helme. Die Beine waren mit Binden aus Leder geschützt. Schweiß stand in den Gesichtern der Fahrer. Ihre Hände krampften sich um die Stiele der Peitschen. Starr waren ihre Augen auf den Rennleiter gerichtet, der jeden Moment das weiße Tuch werfen musste. Es würde den Beginn eines Wettkampfes bedeuten, der viel Ruhm und Geld, vielleicht aber auch den Tod im Staub der Arena verhieß.

„Gleich geht's los!", rief Julia auf der Tribüne.

„Hoffentlich gewinnt Papa!", antwortete ihr Bruder Quintus. Er winkte dem ganz in Blau gekleideten

11

Rennfahrer Scorpus zu. Quintus wollte später auch einmal ein großer Rennfahrer werden. Der hochgewachsene, athletische 14-Jährige übte, wann immer es ihm sein Vater gestattete.

Trompeten erschallten majestätisch. Der Rennleiter Numerius erhob sich von seinem Platz in der Loge. Der Mann in der scharlachroten Tunica warf einen ängstlichen Blick auf Julius Cäsar, der schräg hinter ihm thronte. Ein Baldachin schützte den Herrscher vor der gnadenlosen Sonne.

„Worauf wartest du noch, beim Jupiter?", fragte Cäsar ungehalten. Seine Finger klopften unruhig auf die Stuhllehne. Er war noch etwas erschöpft vom anstrengenden Feldzug gegen Pompeius, dem er im griechischen Pharsalus die entscheidende Niederlage zugefügt hatte.

„Ich hoffe, der Wettkampf taugt etwas", grummelte Cäsar. „Sonst bekommst du die Hauptrolle bei den nächsten Spielen, Numerius. Zusammen mit den Löwen!"

Der Rennleiter verbeugte sich voller Demut. Er zog das weiße Tuch hervor und hielt es hoch. Der Jubel im Publikum schwoll an wie ein Orkan.

Julius Cäsar nickte.

Numerius ließ die Mappa in die Arena fallen: Das Rennen begann!

Die Pferde bäumten sich auf und stoben auf die Rennbahn. Im gestreckten Galopp flogen sie an den Massen vorbei, eine Staubfahne hinter sich herziehend. Begeisterte Anfeuerungsrufe schallten durch das Oval. Auch Quintus und Julia hielt es nicht mehr auf ihrer Holzbank. „Scorpus, Scorpus!", brüllten sie aus Leibeskräften.

Der Vater stand vorgebeugt in seinem Wagen, die Zügel waren mehrfach um seine Brust geschlungen,

die blaue Tunica wehte im Wind. Seine Gegner waren auf gleicher Höhe, kamen ihm immer wieder gefährlich nahe. Peitschen knallten. Die erste Wendemarke, die Meta, nahte. Jetzt wurde es knifflig. Es galt, die Kurve möglichst eng zu nehmen. Das war eine Spezialität von Scorpus, der die Meta meistens nur auf einem Rad umfuhr. Die Fahrer legten sich in die Kurve. Aber was war das? Scorpus' Rennwagen rumpelte um die Wendemarke wie ein plumper Karren. Prompt war er an letzter Stelle!

Julia strich sich durch ihre dichten schwarzen Locken. „Das gibt es doch nicht, beim Mercurius!", meinte die Elfjährige.

„Taktik, reine Taktik!", erwiderte der Bruder. „Papa

14

rollt das Feld gleich von hinten auf!" Immerhin war
Scorpus als Favorit an den Start gegangen. Er war einer der besten und populärsten Rennfahrer Roms.
Tausende unter den Zuschauern hatten viele Sesterze
auf seinen Sieg gewettet.

Doch sie wurden enttäuscht. Scorpus' Abstand zu
seinen Gegnern nahm zu. Schon nach der ersten von
insgesamt sieben Runden hatte er einen beträcht-
lichen Rückstand.

„Er wird aufholen, ganz bestimmt", meinte Quintus schwach.

„Glaub ich nicht. Da ist doch was faul!", vermutete Julia wütend. „So lahm waren Papas Pferde ja
noch nie!"

Mollicius lag in Führung. Dieser junge Fahrer galt als großes Talent. Die meisten Experten trauten ihm heute den zweiten Platz zu – hinter Scorpus.

Die dritte Runde, die vierte, die fünfte. Der blaue Rennfahrer war weit abgeschlagen. Lustlos trabten seine Pferde hinter den anderen Wagen her. Das schallende Gelächter der Zuschauer begleitete sie.

Quintus und Julia konnten das Drama nicht mehr mit ansehen. Sie ließen sich auf ihre Sitze fallen.

„Was für eine Blamage", flüsterte Quintus seiner Schwester ins Ohr. Gedankenverloren spielte er mit der goldenen Kapsel, die um seinen Hals hing. Sie war das Zeichen seiner freien Geburt und enthielt Amulette, die gegen den bösen Blick schützen sollten. Eigentlich war die Kapsel sein Glücksbringer. Eigentlich. „Papa war sich so sicher, dass er gewinnt. Und dann erst das große Fest morgen", meinte er düster.

Julia erhob sich wieder. „Aus dem Siegesfest wird wohl wirklich nichts. Jetzt überrunden sie ihn auch noch."

Scorpus wurde von den drei anderen Rennwagen in einer großen Staubwolke verschluckt.

„He, was macht der denn da?", regte sich das Mädchen plötzlich auf und deutete auf Mollicius. Der hatte die Zügel herumgerissen, sein Wagen krachte gegen den von Scorpus. Der blaue Rennfahrer wurde von der Attacke überrascht. Er verlor das Gleichgewicht.

„Nein!", gellten die Schreie der Geschwister.

Ihr Vater stürzte aus dem Wagen, wurde von den Pferden mitgeschleift. Verzweifelt versuchte er, die Zügel mit einem Messer zu durchtrennen. Blut färbte den Sand der Arena.

Julia und Quintus schlossen die Augen. Ihre Hände suchten und fanden sich. Die Geschwister nahmen die tobende Menge um sie herum nicht mehr wahr.

Schließlich wagte Julia als Erste, wieder hinzusehen. Sie stieß ihren Bruder an: „Den Göttern sei Dank. Es ist noch mal gut gegangen!" Der Vater stand schwankend am Rand der Rennbahn, wurde von einem Helfer gestützt. Offenbar hatte er doch noch die Zügel zerschneiden können.

Quintus küsste seinen Glücksbringer. „Los, nichts wie hin zu Papa!"

Die Geschwister fanden den Vater in einem kleinen Raum beim Arzt. Scorpus lag auf einer Trage. Sein Körper war mit Schürfwunden übersät. Der Mediziner trug gerade Salben und Verbände auf.

„Tut mir leid, dass ihr mich so seht. Denn so sehen Verlierer aus", begrüßte der Vater seine Kinder niedergeschlagen. „Aber es sind nur Kratzer."

„Na, jetzt untertreibst du aber", tadelte der Arzt.

„Schon gut", lenkte Scorpus ein. „Mein linkes Bein macht mir Sorgen. Eine heftige Zerrung, so ein Mist." Die Geschwister versuchten, ihren Vater zu trösten.

„Lasst es gut sein", meinte Scorpus. „Beim nächsten Mal bin ich wieder vorn."

„Was war denn mit den Pferden los?", wollte Julia wissen.

„Ich weiß es nicht. Heute Morgen waren sie noch kräftig, richtig wild. Aber dann, unmittelbar vor dem Rennen, wirkten sie träge." Mit schmerzverzerrtem

Gesicht erhob sich der Rennfahrer. „Es scheint, als seien sie plötzlich außer Form. Ausgerechnet jetzt, wo doch Kleopatra übermorgen zu den Spielen kommt! Das sollte das Rennen meines Lebens werden ..." Ganz Rom freute sich auf den Besuch der Königin von Ägypten. Cäsar hatte sich in die stolze Herrscherin vom Nil verliebt und sie eingeladen.

„Wer hat eigentlich gewonnen?", fragte Scorpus.

„Mollicius", meinte der Arzt. „Mit einer Länge Vorsprung."

„Er hat dich abgedrängt, dieser Schuft!", rief Julia empört.

„Ich habe einen Moment nicht aufgepasst", besänftigte sie der Vater. „Bei Mollicius muss man mit solchen fiesen Tricks immer rechnen."

Ein guter Freund der Familie näherte sich. Es war Aulus, der Augur – ein Priester, der aus den Eingeweiden der Tiere las und andere göttliche Zeichen deutete. Aulus, der auch ein guter Schauspieler war, galt außerdem als Experte im Rennsport. Gerne vertraute man seinen Vorhersagen, wie ein Rennen ausging.

„*Ave!*", grüßte der Augur. „Ein unwürdiges Rennen mit einem ebenso unwürdigen Sieger. Was war los, Scorpus?"

Der Rennfahrer zuckte nur mit den Schultern.

„Seltsam, seltsam", murmelte der Seher. „Die heiligen Hühner hatten eindeutige Zeichen gegeben. Beim Fressen fiel ihnen Futter aus dem Schnabel. Eigentlich ein Omen, dass die Sache gut für dich stand, Scorpus."

„Da lachen ja die Hühner", lästerte Julia leise, deren Spott ebenso treffend wie gefürchtet war. Quintus grinste breit.

Nun gesellte sich auch der Schauspieler Flavius zu ihnen. Flavius hatte von seinem Vater ein Weingut geerbt und war ein reicher Mann. Er deutete eine Verbeugung an: „Was für ein trauriger Anblick. Der Held voller Wunden, geschlagen, entehrt. Fast wie in einer griechischen Tragödie. Ich hoffe, deine Einladung für morgen Abend gilt dennoch?"

„Natürlich. Ich würde mich freuen, wenn du kommst. Das gilt selbstverständlich auch für dich, Aulus", sagte Scorpus nicht sehr überzeugend.

„Gut. Dann wird in dein Haus auch der Glanz eines Gewinners einkehren. Denn ich habe auf Mollicius gewettet!" Mit einer großen Geste deutete Flavius auf einen prall gefüllten Beutel. „Tja, manche sind eben die Lieblinge der Götter."

Julia verdrehte die Augen. Was für ein aufgeblasener Affe! Sie konnte Flavius nicht leiden, weil er zu keinem Becher Wein Nein sagen konnte. Daher hatte sie ihm den Spitznamen „Amphore" verliehen.

Flavius schritt lächelnd davon, mischte sich unter die Zuschauer, die den Circus Maximus verließen. Als der Schauspieler in der Menge verschwand, sah Julia, wie er ein Stück Pergament verlor. Das Mädchen hastete hin, hob es auf und wollte es ihm geben. Aber der Schauspieler war zwischen zwei Ständen mit Süßwaren verschwunden. Julia warf einen Blick auf den Zettel. Ihre Stirn legte sich in Falten – was sollte denn das heißen? Das Mädchen winkte Quintus herbei, zeigte ihm den merkwürdigen Fund.

„Suicillom", las er laut vor. „Das gibt keinen Sinn."

„Muss es aber", entgegnete die Schwester. „Vielleicht ist es eine Geheimschrift!"

„Du spinnst!"

Julia konzentrierte sich auf die Buchstaben.

„Du hast zu viel Fantasie", stichelte ihr Bruder.

Doch Julia ließ sich nicht provozieren. „Fantasie kann man gar nicht genug haben, du Schaf", meinte sie trocken. Plötzlich schlug sie sich an die Stirn. „Ich hab's! Bei dem Rennen war wirklich etwas faul. Der blöde Flavius hat einen Tipp bekommen!"

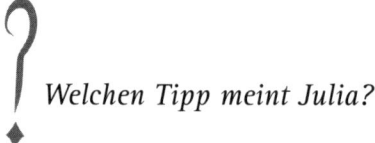 *Welchen Tipp meint Julia?*

22

Verräterische Antworten

„He, das war richtig gut", lobte Quintus seine Schwester. „Du glaubst also, dass Flavius schon vor dem Rennen wusste, dass Mollicius gewinnen würde?"

„Sieht so aus. Warum sollte ihm sonst jemand eine verschlüsselte Botschaft zukommen lassen? Es gab also zwei Gewinner bei diesem bösen Spiel: einmal Mollicius, der sich die Siegprämie sicherte – und Flavius, der auf den richtigen Rennfahrer setzte. Wir müssen Papa informieren!"

Scorpus hörte seinen Kindern ruhig zu. „Klingt logisch", meinte er schließlich. „Aber wie sollen wir beweisen, dass Flavius es war, der das Pergament verlor? Er wird es abstreiten. Und dann stände Julias Aussage gegen seine. Aber wir müssen der Sache nachgehen." Scorpus schüttelte den Kopf. „Schade, dass ich euch bei den Nachforschungen nicht richtig helfen kann – mein Bein! Der Arzt meint, dass ich vorerst an einer Krücke gehen muss. Und jetzt sollten wir nach Hause. Eure Mutter wartet schon." Bei dem Gedanken an seine ebenso hinreißende wie resolute

23

Frau Tulliola wurde ihm mulmig. Sie rechnete mit einem strahlenden Sieger …

„Gut", meinte Julia. „Aber wir müssen noch einmal in den Stall. Du hast gesagt, dass deine Pferde bis kurz vor dem Rennen fit waren. Also ist vermutlich im Stall etwas passiert. Ist dir denn nichts aufgefallen?"

„Nein", entgegnete der Vater. „Aber unserem Sklaven Archagathos. Er hat mir bei den Vorbereitungen geholfen. Ich unterhielt mich gerade mit einem anderen Fahrer in dessen Box. Archagathos war auch einige Minuten weg. Als er zurückkam, sah er einen Unbekannten aus unserer Box laufen. Das hat er mir sofort berichtet. Dass ich daran nicht gleich gedacht habe!"

„Wie sah der Kerl aus?"

„Archagathos weiß es nicht. Der Unbekannte drehte ihm den Rücken zu."

„Womöglich hat er unsere Tiere vergiftet! Wir müssen noch einmal hingehen. Vielleicht hat ein anderer das Gesicht des Mannes erkannt!", rief Julia.

Scorpus winkte ab: „Vergiftet? Du übertreibst. Den Tieren geht es gut, sie sind lediglich ein wenig schlapp. Es war nur eine Niederlage, Julia. Eine bittere, sicherlich, aber das Leben geht weiter. Ich muss zusehen, dass ich wieder gesund bin, wenn Kleopatra zuschaut."

Julia gab nicht auf: „Wir müssen gleich noch einmal in den Stall!"

„Von mir aus", seufzte der Rennfahrer. „Ich werde einen Sklaven abstellen, der euch begleitet."

„Bitte nicht! Wir sind doch keine Kleinkinder", beschwerte sich Quintus. „Ich kann auch auf Julia achtgeben."

Scorpus musterte seinen Sohn, der nur noch wenig kleiner war als er selbst. „Gut, ausnahmsweise."

„Klasse!", freute sich Quintus. „Und morgen können wir Flavius auf den Zahn fühlen. Am besten zusammen mit dir, Papa! Dann haben wir einen Zeugen!"

Tulliola trug eine elegante, weinrote Tunica, darüber die Stola, die mit einem Purpurstreifen verziert war. Ein Mittelscheitel teilte die Haare, die zu beiden Seiten des Gesichts herabfielen und es mit weichen Löckchen einrahmten: Das war die derzeit aktuelle Frisurenmode. Die Augen der schönen Patrizierin blitzten, als sie ihren Mann in ihrer Domus, dem großen, teuer möblierten Haus, erblickte: „Wie siehst du denn aus?"

„Oh, mein Haselmäuschen, lass dir erklären", säuselte Scorpus. „Die Pferde ..."

„Was gibt es da zu erklären?", unterbrach seine Frau. „Ich sehe einen Mann voller Staub und Blut mit einer Krücke. Das reicht mir. Ich habe dich schon tausendmal vor diesem verrückten Sport gewarnt. Du forderst die Götter heraus, du spielst mit deinem Leben, Scorpus Julius Maximus!"

Immer, wenn sie ihn bei seinem vollen Namen nannte, wurde es gefährlich, wusste der Rennfahrer.

„Und es geht nicht nur um dich", fuhr Tulliola fort. Eis lag in ihrer Stimme, Wut in ihren Augen. „Es geht auch um die Kinder und mich. Wenn du nicht mehr bist, was soll dann aus uns werden?"

„Das wird nie so sein, ich werde wieder triumphieren. Und jetzt gehe ich mich waschen. Dann sieht alles schon ganz anders aus, mein Haselmäuschen."

„NENN MICH NICHT HASELMÄUSCHEN, BEIM JUPITER!"

„Mach ich nicht mehr, versprochen", sagte der Rennfahrer schnell. Er schob sich an Tulliola vorbei, humpelte Richtung Lavatrina, dem Bad. Keine Frage, der Haussegen hing mächtig schief. Doch für Scorpus gab es nur eins – er würde sich gleich wieder verkrümeln, obwohl er noch große Schmerzen hatte.

Er wollte in seinen Stall humpeln und nach den Pferden sehen. Vielleicht hatten sie sich ja in der Obhut der Sklaven wieder erholt.

Der Trainingsplatz von Scorpus lag im sanften Licht des nahenden Abends. Scorpus und Julia standen am Gatter und beobachteten einen kräftigen Jüngling, der sich mit Vaters Rennwagen abkämpfte. Quintus drehte ein paar Runden und platzte fast vor Glück und Stolz.

„Du musst die Zügel straffer halten!", brüllte Scorpus. „Wer lenkt den Wagen: du oder die Pferde? Zeig ihnen, wer der Herr im Haus ist, beim Janus!"

Quintus machte seine Sache gut. Doch wieder einmal musste er erfahren, welches Geschick es erforderte, die vier Tiere nicht nur zu bändigen, sondern ihre enorme Kraft auch zu bündeln und zu koordinieren.

„Der Junge hat unheimlich viel Talent", urteilte Scorpus. Ganz der Papa, fügte er im Geiste hinzu.

„Lass ihn das bloß nicht hören, sonst hebt er ab", bat Julia.

„Wenn er nicht besser aufpasst, hebt er gleich ganz anders ab", ahnte der Vater. Der Wagen rutschte in einer Kurve fast in die Absperrung.

Doch Quintus bekam das Gespann immer besser in den Griff. Erst als die Muskeln seiner Beine und Arme brannten wie Feuer, brach er das Training ab. Außer Atem stieß Quintus zu den beiden. „Puh!", stöhnte er. „Die Pferde sind wieder ganz die alten." Er strich dem schwarzen Hengst Tami, dem klügsten der vier Pferde, über den Widerrist. Der Rappe richtete die Ohren nach vorn, blähte die Nüstern und begann, seinen Freund liebevoll zu beschnuppern.

Julia fütterte die Tiere mit Äpfeln und Karotten. „Schön, dass es euch wieder gut geht", flüsterte sie ihnen zu. Und zu Quintus sagte sie laut: „Lass uns zum Circus gehen und uns umhören. Jemand muss unsere Pferde kurz vor dem Rennen irgendwie betäubt haben."

„Geht nur", sagte Scorpus müde. „Viel Glück! Ich gehe nach Hause. Mir tut einfach alles weh. Hoffentlich ist Tulliolas Wut verraucht."

Vor den Ställen des Circus Maximus stand ein großer, breitschultriger Mann. Der Hüne fegte Strohreste zusammen.

„Der scheint hier zu arbeiten, den fragen wir", schlug Julia vor und trat an den Mann heran. „*Ave!*", begrüßte sie ihn freundlich. „Warst du vor dem Rennen, das Mollicius gewonnen hat, auch hier in den *Carceres?*"

Der Riese sah sie nachdenklich an. Sein Blick war trüb, fast milchig. „Ich bin immer hier in den Ställen. Ich muss fegen. Warum willst du das wissen?"

Das Mädchen lächelte: „Wir suchen nach einem Mann, der eigentlich nicht hierhin gehört. Dieser Mann vergiftet Pferde."

Der Riese verzog keine Miene: „Mir ist nichts Besonderes aufgefallen."

„Es war also alles ganz normal?", forschte Quintus nach.

Der Mann begann wieder mit seiner Arbeit: „Das nun auch wieder nicht. Es war unruhiger als sonst. Und es waren mehr Stallburschen da, neue Leute. Wie der kleine Dicke da hinten. Er heißt Gnaeus. Ein fürchterlicher Tollpatsch. Dem fällt ständig was runter."

Die Geschwister sahen sich an. Dann meinte das Mädchen: „Sag mal, ein Kerl wie du, groß wie ein Baum, stark wie ein Ochse – was macht der eigentlich mit einem Besen in der Hand?"

„Diese Hände führten früher Zügel, mein Kind", sagte der Hüne bedächtig. „Die Zügel eines Rennwagens."

„Was ist passiert, warum fährst du nicht mehr?"

Der Mann stützte sich auf den Besen, der sich beachtlich durchbog: „Bei jedem Rennen gibt es Verlierer. So wie mich. Ich habe aber nicht nur ein Rennen verloren, sondern auch meine Sehkraft. Ich erkenne nur noch Schatten."

„Wie ist das passiert?"

„Bei einem Unfall, sagen die meisten. Durch den absichtlichen Rammstoß eines anderen Fahrers, sage ich. Ich stürzte auf den Kopf, war tagelang ohne Bewusstsein. Als ich erwachte, sah ich nur noch Schatten."

„Der andere Fahrer, war das Mollicius?", fragte Julia.

„Aber nein", erwiderte der Riese. „Das war Scorpus." Seine Hände schlossen sich um den Besenstiel, dass es knackte. „Dafür hasse ich ihn bis ans Ende seiner Tage."

Die Geschwister schreckten zurück. Als sie außer Hörweite waren, sagte Quintus: „Papa würde so etwas nie tun."

„Natürlich nicht. Der Kerl mit dem Besen ist nur verbittert. Ich kann ihn ein bisschen verstehen", entgegnete die Schwester. „Schau mal, da vorn ist dieser Gnaeus. Der sieht schon viel freundlicher aus."

Der Dicke schob pfeifend eine Fuhre mit Heu vor sich her. Nur zu gern unterbrach er seine Arbeit, um sich mit den Geschwistern zu unterhalten. „Ja, das war ein verrücktes Rennen, beim Jupiter!", erinnerte er sich. „Das ging vorher schon los. Mollicius rieb die Nüstern seiner Tiere mit einer Spezialtinktur ein. Soll Wunder wirken, sagt er. Aber die Rennfahrer haben oft ziemlich kuriose Ideen. Was ich da schon alles gehört habe! Einer soll seinen Pferden vor dem Start Witze erzählen. Die Tiere finden das bestimmt zum Wiehern, haha!"

Julia und Quintus lächelten gequält.

„Ist doch klar: Wenn so viele Sesterze auf dem Spiel stehen, greift man zu seltsamen Tricks." Der Dicke nahm seine Fuhre wieder hoch. „Schade nur, dass die Stallburschen so wenig vom großen Geld abbekommen. Die Rennfahrer stopfen sich die Taschen voll. Wie dieser Scorpus. Der verdient Unmengen an Sesterzen, wisst ihr? Aber wir kleinen Helfer: Pustekuchen! Dabei könnten die den Circus Maximus ohne uns doch dichtmachen." Er wollte weitergehen.

„Einen Moment noch", bat das Mädchen. „Ist dir heute Morgen jemand aufgefallen, den du zuvor noch nie gesehen hast? Oder der sich merkwürdig benahm? Die Pferde von Scorpus sollen betäubt worden sein."

Wieder lachte Gnaeus: „Die Rennfahrer achten doch mehr auf ihre Viecher als auf ihre Kinder! Daher glaube ich nicht, dass man den Pferden etwas ins Wasser schütten könnte. Aber fragt doch mal die Sklavin da drüben. Tabea muss auch hier arbeiten. Doch Vorsicht: Mit der ist nicht zu spaßen." Der Stallbursche machte sich auf den Weg.

Die Geschwister winkten ihm hinterher und wandten sich dann Tabea zu, die zwei volle Wassereimer schleppte. Sie war eine mürrische, alte Frau mit harten Gesichtszügen. Tabea machte den Geschwistern schnell klar, dass sie vom Rennsport überhaupt nichts hielt: „Mir tun die Pferde leid. Wenn ich sehe, wie diese Barbaren auf die Tiere einschlagen, packt mich immer eine fürchterliche Wut. Ich verabscheue diese Quälerei. Es wird Zeit, dass damit Schluss ist!"

Quintus erneuerte die Frage nach Scorpus und seinen müden Pferden.

Tabea stützte die Hände in die Hüften: „Betäubt? Höchstens von den vielen Peitschenhieben! Und dafür gibt es auch noch Beifall von den Rängen! Das Publikum verehrt die Rennfahrer fast wie Götter, das ist ja lächerlich!" Sie ließ die Eimer zu Boden krachen. „Am schlimmsten ist dieser Scorpus, den mag der Pöbel am liebsten. Fein, dass der jetzt mal so richtig auf die Nase gefallen ist! Rennfahrer sollte man alle den Löwen zum Fraß vorwerfen! Und jetzt verschwindet, ich habe zu tun."

Nachdenklich suchten sich Julia und Quintus ein schattiges Plätzchen.

„Hm, so richtig weitergebracht hat uns das nicht", urteilte das Mädchen. „Aber dafür wissen wir jetzt, dass Rennfahrer nicht überall beliebt sind. Ich habe übrigens Hunger."

„Ich auch. Schau, da drüben ist ein *Thermopolium*." Quintus deutete auf eine Garküche, die es in Rom fast an jeder Straßenecke gab. Dort holten sie sich Brot und ein paar Gerres, in Salzlake konservierte Fische, die nicht viel kosteten.

Quintus stopfte sich den Mund voll. Während er kaute, arbeitete sein Hirn auf Hochtouren. Plötzlich lächelte er. „Von wegen, es hat nichts gebracht. Es gab doch einen entscheidenden Hinweis. Wir sollten uns mit einem der drei noch mal unterhalten. Und zwar schnell!"

Mit wem möchte Quintus noch einmal sprechen?

EIN MANN
WIRD GEJAGT

„Dieser Gnaeus! Er hat es uns eigentlich so einfach gemacht! Er hat gewusst, dass Vaters Pferde etwas ins Wasser bekommen haben. Und wir sitzen hier rum und essen Fische. Los, den schnappen wir uns!", schimpfte Julia.

„Sollen wir nicht lieber Papa holen?", wandte Quintus vorsichtig ein.

„Ach was. Papa wäre mit seinem verletzten Bein keine Unterstützung. Außerdem dauert das zu lange. Du machst das schon, großer Rennfahrer!", meinte Julia gelassen. Sie gab ihm einen aufmunternden Stoß in den Rücken. „Los geht's!"

„*Alea iacta est!*", murmelte Quintus entschlossen. Der Würfel ist gefallen.

Die Geschwister rannten zum Circus zurück. Das Mädchen erblickte den fröhlichen Mann, der so gerne pfiff und Pferde vergiftete, als Erste. Gnaeus lehnte seelenruhig an einer Säule und schäkerte mit einer jungen Frau.

„Da bist du ja, du mieser Betrüger!", brüllte Julia.

„Du hast dich verraten – nicht besonders ge-

37

schickt, wenn ich das mal bemerken darf!", meckerte ihr Bruder. Die Reaktion des Stallburschen gab ihm recht. Gnaeus rannte sofort weg.

„Das haben wir nun davon. Ich wollte ihn überraschen!", ärgerte sich Quintus.

„Toller Plan. Vor allem, wenn du ihn mir vorher gesagt hättest", erwiderte die Schwester zornig.

„Halt die Klappe und lauf!", rief Quintus.

Gnaeus sprintete mit einem Tempo, das man dem kleinen Dicken gar nicht zugetraut hätte, an der Längsseite des Circus entlang. Er hielt sich in Richtung des Flusses Tiber. Für den schönen Diana-Tempel, der sich links von ihm erhob, hatte er keinen Blick übrig. Die Geschwister blieben ihm auf den Fersen, konnten ihn aber nicht einholen.

Der Stallbursche flitzte über die Sublicius-Brücke. Dort herrschte das um diese Zeit übliche dichte Gedränge. Denn jetzt, bei Einbruch der Dämmerung, war das Verbot für Fahrzeuge aller Art wieder aufgehoben. Vollbeladene Bauernkarren, gezogen von Ochsen, verstopften die Straße. Die sonst so schnellen Meldefahrer und berittenen Kuriere steckten ebenso im Stau wie die von starken Männern getragenen Sänften der Reichen. Auch ein gewaltiger Weintank auf einem vierrädrigen Wagen konnte we-

der vor noch zurück. Allgemeines Fluchen erhob sich, Peitschen knallten.

Geschickt schob sich Gnaeus durch das Chaos. Die Geschwister hatten Mühe, den Fliehenden nicht aus den Augen zu verlieren. Am Ende der Brücke hielt sich der Stallbursche rechts. Er sah sich gehetzt um. Als er die heranstürmenden Geschwister erblickte, machte er kehrt und überquerte den Tiber zum zweiten Mal, diesmal jedoch über die Aemilius-Brücke. Zügig erreichte er den Tempel des Portunus, ließ diesen rechts liegen, wandte sich gen Nordosten und gelangte zur Vicus Iugarius. Auf dieser Straße standen die mehrstöckigen Mietshäuser dicht an dicht. Unten lagen die Läden der Bäcker, Obstverkäufer und Fleischer, die Werkstätten der Schmiede und Glasbläser, die Geschäfte der Friseure und die Büros der Schrift- und Rechtsgelehrten. Fliegende Händler waren allerorten, überboten sich mit ihrem Geschrei. Es roch nach Gewürzen, Gebratenem, Wein und Pferdemist. Hammerschläge hallten, Gelächter drang aus den Cauponae, den Wirtshäusern.

Gnaeus wuselte durch die Menge, immer wieder ängstliche Blicke hinter sich werfend. Denn die Geschwister ließen sich nicht abschütteln. Vor ihnen tauchte das gewaltige Forum Romanum auf. Der

Stallbursche flitzte über den großen Platz mit seinen Statuen, die Götter und berühmte Römer zeigten. Er tauchte in einer Basilika unter, einer großen mehrschiffigen Halle, in der Märkte abgehalten wurden und Gerichtsverhandlungen stattfanden. Er versuchte sich hinter einem Gemüsestand zu verstecken – alles umsonst, die Geschwister blieben an ihm dran. Erschöpft und schweißüberströmt verließ Gnaeus das Forum und erreichte wieder die Vicus-Iugarius-Straße.

Am Tempel der Iuno Moneta passierte es dann doch: Quintus und Julia verloren den Flüchtenden aus den Augen.

„Das darf doch nicht wahr sein, beim Jupiter!", schimpfte Quintus atemlos.

Julia erklomm die Stufen des Tempels und blinzelte gegen die untergehende Sonne. „Da, da ist er!", rief sie plötzlich. „Vor dem Laden mit den Fischsoßen!"

Die Geschwister nahmen die Verfolgung wieder auf. Gnaeus stieß einen lauten Fluch aus. Wohin jetzt? Da hatte er eine Idee. Blitzschnell floh er in den Betrieb, in dem die berühmte Liquamen-Fischsoße hergestellt wurde. Hier konnte er die Jäger vielleicht endlich abschütteln!

Aber Quintus hatte aufgepasst: „Hinterher, los!" Er und seine Schwester drangen nun ebenfalls in die Fabrik ein.

„He, da dürft ihr nicht so einfach rein!", rief ihnen jemand nach.

Doch die beiden achteten nicht auf ihn. Halbdunkel empfing sie – und ein ganz spezieller Geruch.

„Beim Mercurius, das stinkt ja entsetzlich!", fand Julia.

Der Boden war leicht glitschig. Große Bottiche standen in Reih und Glied. In die Gefäße warf ein Arbeiter gerade Kiemen und Eingeweide von Fischen. Ein anderer schüttete jede Menge Salz dazu. Ein dritter rührte Fischblut, Wein, Essig und Gewürze in das Gebräu, das als Delikatesse galt.

„Sagt mal, habt ihr einen kleinen dicken Mann gesehen, der hier nicht hingehört?", fragte Quintus die Arbeiter.

„Nicht hierher gehört – so wie ihr?", gab einer der Männer drohend zurück.

Rasch liefen die Geschwister weiter. „Wenn ich hier schuften müsste, wäre ich auch so gut gelaunt", meinte das Mädchen. Sie gelangten zu einem Hof. Dort stellten die Arbeiter die Bottiche tagsüber in die pralle Sonne, damit die Fischsoße gären konnte.

Das Mädchen hielt sich die Nase zu: „Das wird ja immer schlimmer."

„Vorsicht!", schrie Quintus in diesem Moment. Er gab Julia einen Stoß. Das Mädchen stürzte zur Seite. Dort, wo es gerade noch gestanden hatte, zerplatzte ein schwerer Tonkrug. Zähes Liquamen machte sich breit und ließ die Luft noch dünner werden. Die Geschwister hörten ein böses Lachen. Es kam von einer Empore über ihnen. Gnaeus stand dort und griff schon nach dem nächsten Geschoss aus einem Regal.

„Was macht ihr da, seid ihr von Sinnen, beim Mars?", kreischte da eine Stimme. Sie gehörte zum Fabrikbesitzer, der mit wehender Tunica heranstürmte. „Ich lass euch verhaften! Fasst sie", befahl er seinen Männern.

Quintus und Julia sprangen über den stinkenden Fischsoßen-See und rannten los. Ihre wütenden Verfolger hätten sie vielleicht eingeholt, wenn da nicht die Spezialität des Hauses gewesen wäre – das gut durchgeseihte Liquamen. Die Mitarbeiter rutschten in der fischigen Brühe aus und schlugen der Länge nach hinein. Mit wütendem Gebrüll rappelten sie sich auf und setzten den Eindringlingen nach.

Die Geschwister, gerade noch Jäger, waren plötz-

lich selbst Gehetzte. Sie durchmaßen ein Wirrwarr von schlecht beleuchteten Gängen, rammten zwei Träger, die gemeinsam eine gut siebzig Kilo schwere Amphore auf einen Karren wuchten wollten. Die Männer verloren das Gleichgewicht, begannen eine Art unfreiwilligen Tanz, kämpften vergeblich um Balance, gaben es auf, ließen die Last los – ein höllischer Knall, die Amphore explodierte regelrecht auf dem Steinboden. Das Geschrei nahm noch zu, ebenso wie der Gestank.

Unbeirrt sausten die Geschwister weiter, fanden einen Ausgang, drückten sich hindurch, standen auf der Straße. Links von ihnen erkannten sie wieder den Tempel der Iuno Moneta – und nur wenige Meter

entfernt davon rannte Gnaeus, der offenbar denselben Fluchtweg genutzt hatte! Quintus und Julia nahmen die Beine in die Hand. Die Verwünschungen der Fischsoßen-Arbeiter klangen ihnen nach.

Der Stallbursche floh in westliche Richtung. Etwa einen halben Kilometer lief Gnaeus geradeaus. Inzwischen war es fast dunkel. Die Geschwister blieben ihm dicht auf den Fersen, auch wenn ihre Lungen schmerzten. Je weiter sie sich vom Stadtzentrum entfernten, umso einfacher wurden die Häuser, umso schlechter die Straßen.

„Wo will der Kerl nur hin? Ich kann nicht mehr!", jammerte Julia.

Gnaeus verschwand in einer Säulenhalle, versteckte sich hinter einem Karren.

„Stopp, wir ändern unsere Taktik", schlug Quintus vor. „Wir lassen Gnaeus in dem Glauben, dass wir seine Spur verloren haben. Und dann holen wir ihn uns. Lauf einfach an der Säule vorbei!"

Die Schwester gehorchte. Ein paar Meter weiter zog Quintus sie in eine Gasse. Sie lugten um die Ecke, sahen, wie Gnaeus pfeifend in dem Gebäude, das sich der Säulenhalle anschloss, verschwand.

„So, und dort werden wir ihn überraschen!", freute sich Julia.

Saepta Julia

...eius-
...ater

Pompeiische
Säulenhalle

Vicus Iugarius

Iuno-Moneta-
Tempel

Basilika
Aemilia

Porticus
Metelli

Forum
Roma-
num

Marcellus-
Theater

Vicus Iugarius

Vicus Tuscus

Aemilius-Brücke

Portunus-Tempel

Sublicius-Brücke

Circus Maximus

*Wo hat sich
Gnaeus versteckt?*

Diana-Tempel

Böses Spiel im Theater

„Ah, der Dicke scheint unter die Schauspieler gegangen zu sein", meinte das Mädchen an den Stufen zum Theater des Pompeius.

„Oder er versteckt sich hier nur", warf der Bruder ein.

„Dann lass uns nachschauen", schlug Julia vor und betrat den massigen Bau, der in der Form eines D angelegt war. Der Bauch des D bestand aus den Zuschauerrängen, der Cavea. Sie stieg halbkreisförmig an. Davor lag ebenerdig die Orchestra, wo in griechischen Stücken der Chor sang und tanzte. Bei der Aufführung römischer Stücke blieb dieser Bereich den vermögenden Zuschauern vorbehalten, die dort nur wenige Meter von den Schauspielern entfernt waren. Den rückwärtigen Abschluss der Bühne bildete das aus Stein gebaute Bühnenhaus, das neben drei Zugängen die verschiedensten Kulissen, Vorhänge, Säulen, Nischen, Statuen und Dekorationen beherbergte.

Quintus und Julia schlichen vorsichtig in die Cavea. Menschenleer lag das gewaltige Theater vor ihnen. Wo steckte der feiste Gnaeus? Die Geschwister huschten nach vorn zum Bühnenhaus, fanden hinter einer Säule Deckung. Sie suchten ihre Umgebung mit den Augen ab. Das war mehr als schwierig bei diesen Lichtverhältnissen. Niemand zu sehen. Doch da! Von oben, von den Rängen polterte etwas herab. Nur ein Stein, stellten die Geschwister fest. Aber wer hatte ihn losgetreten? Quintus ballte die Fäuste. Wenn es Gnaeus war, dann würde er ihn jetzt zur Strecke bringen.

Plötzlich wurde eine Stimme laut, unheimlich hallend im weiten Halbrund. Die Geschwister fuhren herum. Fast unmittelbar vor ihnen stand ein Mann. Er trug eine weiße Perücke, die ihn als alten Mann ausweisen sollte. Sein Gesicht war unter einer Maske versteckt, die ein einfältiges, trauriges Gesicht zeigte. Der Schauspieler begann mit tiefer Stimme zu singen. Er ging auf und ab und zündete Fackeln an, die das Theater in ein gespenstisches Licht tauchten.

Die Geschwister zogen sich rasch zurück, bis sie hinter einem der Vorhänge verschwinden konnten.

„Seltsame Uhrzeit für eine Probe", flüsterte Julia.

„Stimmt. Aber auch für kleine Mädchen. Du solltest längst zu Hause sein", erwiderte ihr Bruder. „Wir werden Ärger kriegen."

„Wenn überhaupt, dann bekomme ich Ärger. Also ist es nicht dein Problem", gab das Mädchen kühn zurück.

„Du machst es dir zu einfach, ich bin für dich ..."

„Halt die Klappe, da ist noch einer!", wisperte Julia aufgeregt.

Ein zweiter Mann mit einer Maske, die eine lachende Fratze zeigte, hatte die Bühne betreten. Er tanzte um den Alten herum, deutete mit den Fingern auf ihn, verspottete ihn. Seine Stimme war unnatürlich hoch, klang verzerrt. Immer wieder kicherte er böse.

Nun folgten weitere Schauspieler mit Masken: ein Buckliger, ein Dicker, ein Angeber, ein Verführer und schließlich ein Hagerer mit roter Perücke, der einen Sklaven darstellen sollte. Die Männer spielten verschiedene Sketche. Ab und zu brachen sie die Vorstellung ab, um sich zu beraten und an den Szenen zu feilen. Dann wechselten sie das Programm.

„Ich habe mir ein paar Verse über Cäsar und Kleopatra ausgedacht", rief der Bucklige stolz und legte los. Was folgte, war ätzende Satire. Der Darsteller verspottete die Herrscher von Rom und Ägypten und machte sich auch noch über ihre Liebe lustig.

„Stopp! Das können wir nicht bringen. Dafür landen wir bei den Löwen!", rief der Dicke außer sich.

„Von dem würden mindestens zwei Löwen satt. Was für ein Bauch. Das ist bestimmt Gnaeus", vermutete Julia.

„Zu dumm, dass wir jetzt nicht an ihn rankommen." Quintus war noch immer wütend.

„Lass uns bis zum Ende warten. Vielleicht haben wir dann eine Chance", meinte Julia.

„Wir?"

„Unterschätz mich bloß nicht", zischte Julia.

Die sieben Männer auf der Bühne kehrten wieder zu ihren harmlosen Sketchen zurück.

„Wir brauchen ein Seil, um den Sklaven zu fesseln", ließ sich der Angeber vernehmen.

„Warte, ich hole eins", entgegnete der Bucklige. Rasch lief er ausgerechnet zu dem Vorhang, hinter dem die Geschwister kauerten, und riss ihn zur Seite.

„Wen haben wir denn da?", stieß der Schauspieler verdutzt hervor.

„Wir gehören zur Dekoration!", meinte Quintus trocken und schubste den Buckligen zur Seite. Er nahm seine Schwester bei der Hand und rannte los.

„Haltet sie auf!", gellte die Stimme des Dicken. „Das sind bestimmt Spitzel von Cäsar. Wenn sie uns verpfeifen, bilden wir den Appetithappen für die Löwen. Verschließt die Ausgänge!"

Der Angeber warf Quintus einen Schemel zwischen die Beine, der Junge geriet auf der Orchestra ins Straucheln, stürzte, verlor Zeit. Inzwischen hatten sich die Schauspieler verteilt und die Ausgänge besetzt: Quintus und Julia waren im Theater gefangen!

„Und jetzt beginnen wir mit einer besonderen Aufführung. Löscht die Fackeln!" Die Idee kam vom Dicken. Dunkelheit senkte sich über den Steinbau. Kein Mucks war mehr zu hören. Eine seltsame Stille, eine trügerische Ruhe lag über der Spielstätte.

Was haben die vor?, fragte sich Quintus. Er legte einen Arm um seine Schwester, weil er spürte, dass sie zitterte. Quintus führte sie zur Mauer, die das Halbrund umschloss. Die Geschwister tasteten sich dort entlang, suchten eine Lücke, durch die sie schlüpfen konnten. Oft verfügten die Theater über viele, zum Teil versteckte Einlässe.

Plötzlich hörten sie ein Hüsteln hinter sich. Die Geschwister fuhren herum. Eine Fratze im schwachen Mondlicht, ein irres Lachen. Das Blut der beiden gefror. Sie wollten fliehen und liefen los – genau in die Arme des Buckligen, der sie zurückwarf. Jetzt waren auch der Dicke und der Sklave da. Sie trieben Julia und Quintus zur Orchestra. Hier versammelten sich alle Darsteller und begannen, die Geschwister zu verhören.

„Es war reine Neugier, bitte glaubt uns!", flehte das Mädchen. „Wir sind Cäsar noch nie persönlich begegnet."

„Wir haben eure Stimmen gehört und uns hereingeschlichen. Wir lieben das Theater", ergänzte der Bruder.

Als Antwort begannen die Darsteller mit einem Stück, das auf keinem Spielplan stand. Sie kreisten Quintus und Julia ein, sie schubsten sie herum, lachten hämisch, stellten ihnen immer wieder dieselben Fragen.

Mehrfach versuchten die Geschwister, den Ring zu durchbrechen. Aber jedes Mal wurden sie festgehalten. Da packte Quintus eine Wut, die stärker war als die Angst. Er schnappte sich den Nächstbesten, es war zufällig der Angeber, und rammte ihm die Faust ins Gesicht. Quintus traf die Maske und brüllte auf. Aber immerhin zeigte der Schlag auch beim Gegner Wirkung – er taumelte zurück.

„Nicht schlecht, Bruderherz!" Julia schöpfte neuen Mut. Das Mädchen griff den Schemel, über den ihr Bruder vorhin gestolpert war, und hob ihn über den Kopf. „Der Nächste, der mich anfasst, bekommt ihn über den Schädel. Und ich schwöre euch, beim Mars, dass ich damit jede Maske spalte!"

„Hört, hört", spottete der Dicke. „Wir sollten dem Spiel ein Ende bereiten und sie töten!"

„Bist du verrückt?", rief der Bucklige entgeistert. „Das sind doch keine Sklaven, das sind Patrizier, siehst du das denn nicht? Wir bekämen nur Ärger." Er zog einen Dolch und hielt ihn an den Hals von Quintus. „Wir brauchen euch nicht zu töten, nicht wahr? Ihr werdet kein Sterbenswörtchen über meine Verse verlauten lassen. Sonst werden wir uns nämlich wiedersehen – und eine Tragödie nähme ihren Lauf, verlasst euch drauf! Haben wir uns verstanden?"

Die Geschwister nickten schnell.

„Gut. Und jetzt lasst sie uns rausschmeißen. Die Probe können wir ein anderes Mal fortsetzen", schlug der Bucklige vor.

Der Dicke begehrte zwar noch einmal auf, wurde aber überstimmt. Die Schauspieler jagten die Geschwister zum Ausgang und stießen sie auf die Straße.

Quintus und Julia tauchten in einer Gasse unter.

„Was meinst du, sollen wir sie weiter beschatten? Oder bist du zu müde?", fragte Quintus seine Schwester.

Julia schüttelte den Kopf: „Wir machen natürlich weiter!" Sie spähte zurück.

Die sieben Männer hatten die Masken und Perücken abgelegt, standen vor dem Portal und unterhielten sich. Sie drehten den Geschwistern den Rücken zu. Es war nicht zu erkennen, wer von ihnen Gnaeus war. Nach ein paar Minuten machten sich drei der Darsteller auf den Weg, gingen nach rechts Richtung Tiber. Auch die anderen vier brachen auf, hielten sich jedoch links. Sie marschierten geradewegs auf ein Gasthaus zu, dessen Eingang von zwei Fackeln beleuchtet wurde.

„Und was jetzt?", seufzte Julia. „Welcher Gruppe sollen wir folgen?"

Ihr Bruder feixte: „Hast du keine Augen im Kopf?"

In welcher Gruppe ist Gnaeus?

DAS RÄTSEL-HAFTE PUZZLE

„Der dicke Bauch wäre mir entgangen", gab Julia zu.

„Dafür hast du ja deinen großen Bruder, dass dir nichts entgeht", ärgerte Quintus sie.

„Blas dich nicht so auf!", rief Julia. „Und jetzt los, ins Gasthaus."

„Kommt nicht infrage! So ein Küken wie du kann da unmöglich rein", entschied der Bruder.

Julia verdrehte die Augen: „Ach nein, aber es soll Fenster geben, durch die man hineinschauen kann. Wollen wir den Kerl nun weiter beschatten oder nicht?"

„Ist ja schon gut. Aber lass mich das machen."

Die Geschwister liefen zur Caupona. Quintus blickte durch ein Fenster. Seine Schwester, auf Zehenspitzen, tat es ihm nach.

Rauch waberte durch die einfache Spelunke. Männer mit roten Gesichtern drängten sich an den Tischen. Es wurde gelacht und gegrölt, gescherzt und gestritten, geschlemmt und getrunken. Gnaeus saß mit seinen Freunden etwas abseits und ließ sich gerade bedienen. Der Dicke schien bester Laune. Er begann zu tafeln und zu trinken.

Nach einer halben Stunde fielen Julia und Quintus vor Müdigkeit fast die Augen zu. Außerdem fing es an zu tröpfeln.

„Auch das noch", stöhnte Quintus. „Ich glaube, wir brechen die Aktion ab. Ich habe keine Lust, nass zu werden."

„Weichei!", kommentierte die Schwester.

Aber da tat sich etwas. Ein Mann hatte das Wirtshaus betreten. Er trug über der Tunica eine dünne Lacerna, einen Mantel mit Kapuze, die er so über den Kopf gezogen hatte, dass sein Gesicht verborgen blieb. Der Fremde strebte auf Gnaeus zu. Der Dicke schien den Neuankömmling zu kennen. Er nickte ihm freundlich zu. Dann ging alles blitzschnell. Der Mann im Mantel reichte Gnaeus eine Amphore, die dieser sofort unter dem Tisch verschwinden ließ, ohne dass seine Theaterfreunde es zu bemerken schienen. Dann verschwand der späte Gast so schnell, wie er gekommen war.

„Ich wüsste nur zu gern, was in dieser Amphore ist!", rief Julia.

„Wir werden es herausfinden. Lass uns warten, bis Gnaeus nach Hause geht. Und das mit dem Weichei nimmst du sofort zurück."

„Von mir aus, beim Jupiter!"

Eine Stunde später wurden die Geschwister erlöst. Gnaeus erhob sich endlich, verabschiedete sich fröhlich von seinen Tischgenossen und stapfte ins Freie. Die geheimnisvolle Amphore hielt er fest in der Hand.

Quintus stellte sich ihm in den Weg: „Ave, Betrüger. Gib mir die Amphore!"

Doch der kleine Dicke dachte gar nicht daran. Er machte auf dem Absatz seiner Sandalen kehrt und rannte davon.

„Jetzt geht das schon wieder los!", ächzte Quintus und nahm mit Julia die Verfolgung auf.

Gnaeus bog um eine Ecke, stürmte in eine dunkle Gasse. In diesem Moment ertönte wütendes Gebell. Ein großer, zottiger Hund sprang den Schauspieler an und fletschte die Zähne. Gnaeus hob abwehrend die Arme, die Amphore fiel herunter und zersprang auf dem Pflaster. Der Dicke trat und schlug um sich, wehrte das Tier ab, konnte entkommen.

Die Geschwister stoppten – der Hund stand zwischen ihnen und dem Fliehenden. Sie wagten keinen Schritt weiter. Gnaeus verschwand in der Dunkelheit. Der Hund knurrte noch einmal, trottete dann aber langsam davon.

„Jetzt ist Gnaeus weg", sagte Quintus enttäuscht. „Es war alles umsonst."

Julia hatte sich über die Scherben gebeugt. „Vielleicht nicht. Da scheint etwas draufzustehen. Ich kann es bloß nicht entziffern, ich brauche Licht. Am besten nehmen wir die Scherben mit. Komm, lass uns nach Hause gehen."

Dort gab es ein entsetzliches Donnerwetter. Mutter Tulliola, bleich vor Müdigkeit und Angst um ihre nächtlichen Spaziergänger, stauchte Julia, aber vor allem Quintus, unbarmherzig zusammen. Damit hatten die Geschwister gerechnet – nicht aber mit dem Stubenarrest, den ihnen die Mutter auferlegte. Vater Scorpus, der eigentlich für die Strafen im Haus zuständig war, stand neben seiner Frau und gab eine unglückliche Figur ab. Schließlich hatte er vom Fahndungseifer seiner Kinder gewusst und gehofft, dass er zum Erfolg führen würde.

Wenn Quintus und Julia geglaubt hatten, am

nächsten Morgen ausschlafen zu dürfen, dann hatten sie sich mächtig getäuscht. Ein Sklave weckte sie beim ersten Hahnenschrei und führte sie zur Mutter, die gerade mit der Morgentoilette beschäftigt war. Tulliola saß auf einem Stuhl. Drei Sklavinnen umringten sie. Die eine kämmte ihre Haare, eine zweite hielt die Brennschere für die Locken parat und die dritte einen polierten Bronzespiegel.

„Julia, du wirst heute Wolle spinnen", meinte Tulliola kühl. „Und du, Quintus, wirst dich von deinem Vater unterrichten lassen."

Die Geschwister gehorchten seufzend. Für Julia gab es nichts Langweiligeres, als sich dieser Handarbeit zu widmen. Sie hätte sich viel lieber die Scherben angesehen, die sie in der vergangenen Nacht aufgesammelt hatte. Doch daraus wurde erst einmal nichts. Tulliola befahl dem Sklaven Archagathos, Julias Arbeit zu überwachen.

Auch Quintus war nicht sehr glücklich, seinem Vater mit gespitztem Griffel und Wachstafel gegenüberzusitzen, anstatt von ihm eine praktische Lektion in Sachen Rennsport zu erhalten. Scorpus ließ nicht mit sich verhandeln und begann mit dem Rechenunterricht. Dann überprüfte der Vater, wie gut sein Sohn die Annales, das Epos des Ennius, auswendig gelernt

hatte. Das Ergebnis war eher dürftig, wie Scorpus tadelnd bemerkte. Es folgte eine Unterweisung in Griechisch, der Sprache der Gelehrten.

Unterdessen spann Julia brav die Wolle. Archagathos passte auf wie ein Luchs. Das Mädchen fand keine Gelegenheit, die Scherben zu untersuchen.

Erst das Prandium, das Mittagessen, unterbrach die eintönige Arbeit und die Aufmerksamkeit des Aufpassers. Während des leichten Mahls, bestehend aus Gemüse und Fisch, flüsterte Julia ihrem Bruder zu: „Können wir uns gleich im Atrium treffen? Ich bringe die Scherben mit!"

„In Ordnung", gab Quintus ebenso leise zurück. „Papa möchte sich kurz hinlegen, ihm tut das Bein weh. Aber wie willst du Archagathos loswerden?"

„Ich mach das schon. Er soll neue Wolle kaufen gehen!"

Der Plan gelang. Kurz darauf knieten die Geschwister über den Scherben, die das Mädchen auf dem Boden ausgebreitet hatte.

„Beim Jupiter, wie willst du die jemals wieder zusammensetzen?", fragte Quintus.

„Mit Geduld und Geschick. Beides Dinge, die dir abgehen, Bruderherz."

„Das ist ja auch eine Aufgabe für euch Weiber!",

fuhr Quintus auf. „Genauso wie das dämliche Spinnen!"

„Wenn hier einer spinnt, dann bist du es. Und nun lass mich mal machen", erwiderte die Schwester ungerührt. In aller Ruhe begann Julia, die Scherben zu ordnen. „Siehst du, du Hohlkopf, hier ist ein Buchstabe – ein N. Und da sind gleich zwei auf einer Scherbe: ein B und ein A." Das Mädchen fischte eine beschriebene Scherbe nach der anderen heraus.

Die Augen ihres Bruders wurden immer größer, aber das ließ er sich nicht anmerken.

„Das sieht doch schon ganz gut aus", murmelte Julia, vertieft in ihre Arbeit. Schließlich hatte sie fünf Bruchstücke aussortiert und nebeneinandergelegt.

„Na klasse!", spottete Quintus. „Und was soll das heißen?"

„Psst, Hohlkopf", meinte Julia konzentriert.

„Wenn du mich noch einmal Hohlkopf nennst, lernst du den Zorn der Götter kennen!"

„Psst", wiederholte die Schwester. Sie begann, die Scherben hin und her zu schieben. „Na, was sagst du jetzt?", meinte sie plötzlich.

Was war in der Amphore?

Ein unheimlicher Auftritt

„Baldrian – so eine Schweinerei!", rief Quintus. „Kein Wunder, dass die Pferde so schlapp und müde waren."

„Na, wie bin ich?", kokettierte seine Schwester. „Da wärst du nie draufgekommen, gib es zu!"

„Gar nichts gebe ich zu. Lass uns lieber überlegen." Der Bruder ging auf und ab. „Der dicke Stallbursche muss das Zeug mit etwas vermischt haben, das die Pferde mögen. Dann hat er es ihnen ins Wasser geschüttet."

„Wenn der Kerl überhaupt ein Stallbursche ist", gab Julia zu bedenken. „Vielleicht hat er sich nur als Stallbursche verkleidet. Gnaeus ist ja schließlich Schauspieler. Erinnere dich: Gnaeus soll sich ziemlich tölpelhaft in den Ställen angestellt haben!"

„Auch eine Möglichkeit. Und der Mann unter der Kapuze war Mollicius, oder?" Quintus schlug sich vor die Stirn. „Ja, so wird es gewesen sein. Mollicius versorgt Gnaeus mit dem Baldrian, der setzt die Pferde außer Gefecht, Mollicius gewinnt das Rennen und das Geld, von dem er Gnaeus etwas abgibt."

„Klingt logisch, ist es aber nicht", warf Julia ein. „Du hast etwas vergessen!"

„Und das wäre?"

„Ganz einfach: Was ist mit Flavius?", erläuterte das Mädchen. „Was ist mit der verschlüsselten Botschaft, die er verloren hat, welche Rolle hat Flavius in diesem bösen Spiel?"

„Richtig, das hatte ich übersehen. Aber heute Abend haben wir Gelegenheit, ihm ein wenig auf den Zahn zu fühlen! Flavius will doch zum Festmahl kommen. Und jetzt müssen wir erst einmal Mama und Papa informieren. Vielleicht erlassen sie uns dann den Hausarrest."

So war es. Bis zum Beginn des Banketts durften die Geschwister hinaus. Quintus zog es zu den Rennpferden, Julia spielte mit einer Freundin im Garten eine Partie Mühle.

In der Zwischenzeit hatten die Sklaven jede Menge zu tun. Das ganze Haus wurde blitzblank geputzt. Am meisten Trubel herrschte in der Küche. Der Koch Salvius kommandierte schwitzend ein kleines Heer von Küchenjungen und Dienstboten. Aus Salvius' Reich duftete es bereits verführerisch. Der Koch wollte den Gästen ein Menü zaubern, von dem man auch in zwei Tagen noch auf dem Forum Romanum sprechen sollte. Mit gerunzelter Stirn beugte er sich über einen Topf, in der er die Soße für den Aal zubereitete. Sie bestand aus Pfeffer, Honig, Essig, Öl, Fleischbrühe und gekochtem Most. Salvius schmeckte die Mischung noch einmal ab. Dann trieb er seine Mannschaft wieder unerbittlich zur Eile an. Sie schafften es so gerade, bis zur Ankunft des ersten Gastes fertig zu sein.

Dieser erste Besucher war Flavius. Rasch folgten weitere Gäste, die alle in das Speisezimmer, das Triclinium, geführt wurden. Auch Aulus gehörte zur feinen Gesellschaft. Würdevoll ließ er sich auf einer

der Liegen nieder, die hufeisenförmig um den flachen Tisch gruppiert waren.

Als alle da waren, klatschte Salvius zweimal in die Hände. Zwölf Sklaven waren in den nächsten beiden Stunden damit beschäftigt, die Speisen aufzutragen: Als ersten Gang gab es Austern und in Milch gemästete Schnecken. Der Hauptgang bestand aus gesottenem Straußenfleisch mit einer Kümmel-Dattel-Soße und dem Aal à la Salvius. Anschließend begab sich die Patrizier-Schar ins Atrium, um den Laren, den Hausgöttern, schweigend etwas zu opfern. Die Schlemmerei endete mit dem Nachtisch: afrikanische Süßweinbrötchen mit Honig und Pfeffer.

Einige Stunden später war das Trinkgelage voll im Gange. Die Tischgenossen hatten ihre Häupter mit Blumenkränzen geschmückt. Sie lachten, lauschten der Musik und dem Vortrag von Gedichten.

Unauffällig zogen Scorpus, Julia und Quintus den Auguren zur Seite. Der Rennfahrer flüsterte: „Warum waren meine Pferde gestern so müde? Und kannst du mir sagen, ob ich beim Rennen zu Kleopatras Ehren gesund sein werde?"

„Lass uns zu deiner Opferstelle gehen", meinte Aulus. „Und bringt mir die Leber eines frisch geschlachteten Schafes. Dann werden wir sehen ..."

Es war bereits dunkel. Fackeln warfen ihr zuckendes Licht an die Wände. Der Augur beugte sich über die Leber auf dem kleinen Altar. Er war ein hagerer Mann mit tief liegenden, fast schwarzen Augen und dichten Brauen. Neugierig beobachteten ihn die Geschwister und ihr Vater.

Nach einer Weile begann Aulus, Unverständliches zu murmeln. Sein Körper wiegte sich hin und her. Plötzlich heulte er auf und schlug die Hände vors Gesicht.

„Was ist, was hast du gesehen?", fragte Scorpus.

Aulus nahm die Hände weg, und seine Zuschauer fuhren entsetzt zurück. Feine, rote Ströme von Blut

liefen aus den Augen des Auguren über dessen Wangen. Der Seher deutete auf den Rennfahrer und sprach heiser: „Ich sehe dunkle Schatten über dir, Scorpus. Die Schatten des Todes. Die Götter sind nicht mehr auf deiner Seite! Es war ihr Wille, dass du gestern verloren hast. Weil du hochmütig geworden bist. Höre auf, Nachforschungen anzustellen. Akzeptiere den Willen der Götter. Hüte dich, ihren Willen zu hinterfragen!"

„Natürlich. *Ita diis placuit*", sagte Scorpus ehrfürchtig. Wie es den Göttern gefiel.

„Und jetzt lasst mich allein!", befahl Aulus.

Rasch humpelte der Vater zu seinen Gästen, gefolgt von den Geschwistern. Schlanke Tänzerinnen umgarnten den Hausherrn, aber dem stand danach nicht der Sinn.

„Ich und hochmütig … Außerdem weiß ich jetzt noch nicht, ob ich beim nächsten Rennen gesund sein werde", sagte Scorpus betrübt.

Quintus reichte ihm einen Becher mit bestem Sabinerwein: „Das bringt dich auf andere Gedanken."

„Außerdem wollten wir uns doch mit Flavius unterhalten!" Schon war Julia verschwunden und führte wenig später den Schauspieler heran. Der schwankte leicht, wirkte nicht mehr ganz nüchtern.

„Na, wie geht es dem unfreiwilligen Helden der griechischen Tragödie – was macht dein Bein?", spottete Flavius.

Scorpus ging nicht auf seine Scherze ein. Er und die Geschwister verwickelten den Theatermann in ein zunächst belangloses Gespräch über Pferderennen. Es war Quintus, der als Erster zur Sache kam: „Und du hast gestern wirklich so viele Sesterze gewonnen?"

„Aber ja, es waren dreitausend, wenn du es genau wissen willst", prahlte Flavius.

„Du hast auf Mollicius gesetzt, obwohl Papa der Favorit war – das war doch ziemlich riskant", setzte Julia nach.

Flavius sah sie belustigt an: „Mag sein. Aber ich habe nun mal eine Schwäche für Außenseiter, mein hübsches Kind."

Widerlicher Schleimer, alte Amphore!, dachte das Mädchen.

„Außerdem liebe ich das Risiko", führte der Schauspieler aus. „Das macht doch erst den Reiz des Spiels aus, nicht wahr?"

„Wohl kaum, wenn man zu den Verlierern gehört", konterte Quintus. „Vor allem, wenn es vielleicht nicht mit rechten Dingen zugegangen ist ..."

Flavius' Augen wurden schmal: „Wie meinst du das?"

„Das hat er nur so gesagt, ohne nachzudenken", mischte sich der Vater eilig ein.

„Ist doch wahr!", beharrte Quintus. Trotzig verschränkte er die Arme vor der Brust. „Julia hat einen Zettel bei dir gesehen. Mit dem Namen des Siegers darauf."

Flavius ballte die Fäuste: „Lächerlich! Muss ich mich in deinem Haus so beleidigen lassen, Scorpus?"

„Beruhige dich. Ich lasse dir Wein bringen." Der Rennfahrer winkte einen der Sklaven herbei. „Und du, Quintus, hältst jetzt endlich den Schnabel."

Der Theatermann nahm einen großen Schluck. „Nicht übel, der Tropfen", lobte Flavius. Er hatte sich wieder etwas beruhigt. „Aber nun einmal im Ernst. Du hast gestern eben Pech gehabt, Scorpus. Und es ehrt deine Kinder, dass sie die Niederlage des Vaters nicht akzeptieren wollen. Doch von Betrug zu faseln, von verschlüsselten Botschaften – das ist doch völlig abwegig." Er setzte den Tonbecher ab. „Und nun muss ich euch verlassen. Schade, es war ein schöner Abend." Flavius warf einen vernichtenden Blick auf Quintus: „Na ja, überwiegend."

„Du warst unglaublich ungeschickt", schimpfte Scorpus seinen Sohn aus, als der Schauspieler gegangen war. „Du hast dich benommen wie ein alter, dummer Esel! Jetzt sind wir keinen Schritt weiter. Und Flavius ist auch noch gewarnt."

Quintus ging beleidigt ins Atrium. Julia begleitete ihn. Schweigend tranken sie ihre Ziegenmilch. Quintus war bedrückt. Er hatte es ja nur gut gemeint. Dieser Flavius! Julia hatte völlig recht: Der Kerl war eine elende Amphore. Und ein Betrüger! Wenn man es ihm nur beweisen könnte ... Quintus ließ sich noch einmal das Gespräch mit dem Schauspieler durch den Kopf gehen. „Ich bin wirklich dumm", ächzte er plötzlich.

„Nimm es dir nicht so zu Herzen", meinte die Schwester. „Papa ist nun einmal schlecht gelaunt."

„Es ist anders, als du denkst. Ich ärgere mich über uns alle drei. Flavius hat sich vorhin verraten. Aber keinem von uns ist es aufgefallen!"

Wodurch hat sich Flavius verraten?

EINE VILLA
WIRD GESTÜRMT

„Warum haben wir nur nicht früher geschaltet?", fragte sich Julia entsetzt. „Du hast natürlich Recht: Flavius sprach von verschlüsselten Botschaften, obwohl du die gar nicht erwähnt hattest."

„Vielleicht hat er seinen Fehler bemerkt und ist deshalb so schnell gegangen", mutmaßte Quintus. Er lief mit seiner Schwester zurück zum Fest. Rasch informierten sie ihren Vater.

„Flavius ist also doch ein Betrüger", rief Scorpus wütend. „Ich werde dafür sorgen, dass man ihn sofort festnimmt."

Eine halbe Stunde später, es war kurz vor Mitternacht, brachen ein Zenturio und zwanzig Legionäre zum Landhaus des Flavius auf, um ihn zu verhaften. Alle Legionäre trugen das kurze, zweischneidige Schwert, den Wurfspieß sowie Helm, Schild und Brustpanzer.

Quintus und Julia durften den Trupp begleiten, weil sie Flavius auf die Schliche gekommen waren. Allerdings hatte der Vater darauf bestanden, dass auch der Sklave Archagathos mitging, um die Ge-

schwister notfalls zu beschützen. Scorpus selbst blieb bei Tulliola und den Gästen. „Was kann ich Humpelbein euch schon groß helfen?", hatte er argumentiert.

Das Weingut, das der Schauspieler geerbt hatte, lag unmittelbar vor den Toren Roms auf einem sanften Hügel. Es war Vollmond. Kein Wölkchen trieb über den mit Sternen übersäten Himmel. Die silbernen Silhouetten der Pinien säumten die Via Ostiensis, die Rom mit seinem Mittelmeerhafen Ostia verband. Der Zenturio gab ein hohes Tempo vor. Die Geschwister und ihr Aufpasser hatten Mühe, den Soldaten zu folgen. Während des Marsches unterhielten sich die Geschwister leise.

„Wir wissen jetzt, dass Flavius ein Schurke ist. Aber wer hat ihm den Zettel zugesteckt?", überlegte Julia.

„Bestimmt Mollicius", antwortete Quintus. „Wer denn sonst?"

„Bist du dir da so sicher? Ich meine, Mollicius konnte doch davon ausgehen, dass er die Siegprämie gewinnt. Warum sollte er dann einen Mitwisser haben wollen? Und was ist mit Gnaeus?"

„Vielleicht war es ein Freundschaftsdienst", erwiderte der Bruder lahm.

„Nicht sehr überzeugend. Womöglich hat sich Mollicius ja auch was von Flavius' Wettgewinn geben lassen. Dann hätte Mollicius zweimal kassiert."

Quintus nickte: „Schon besser. Hoffentlich erwischen die Soldaten Flavius. Dann wissen wir mehr."

Kurz darauf tauchte die Villa des Schauspielers auf. Allein ihre stattliche Größe ließ auf den Reichtum des Besitzers schließen. Der Zenturio hob die Hand. Seine Männer stoppten.

„Wir umstellen das Haus. Dann gehen wir rein", befahl der Zenturio und zog sein Schwert. Die Männer verteilten sich und rückten lautlos auf die Villa vor.

Julia und Quintus blieben mit ihrem Sklaven zurück. Die Soldaten hatten die drei offenbar vergessen.

„Oh, ich habe schrecklichen Durst", meinte das Mädchen. „Archagathos, besorge mir Wasser. Vorhin sind wir an einem Bach vorbeigekommen. Lauf, und hol mir etwas zu trinken."

„Ich lasse euch nur ungern allein", wagte der Sklave einzuwenden.

„Hast du nicht gehört, was sie gesagt hat? Nun geh schon!", befahl Quintus.

Archagathos verschwand in der Dunkelheit.

Die Geschwister sahen sich an. Das Mädchen nickte. Der Bruder lächelte. Dann liefen sie den Legionären hinterher. Julia und Quintus erklommen einen

Weinberg, standen wenig später vor einer weißen, etwa einen Meter hohen Mauer. Dahinter hatte man in den Boden gewaltige Tonfässer eingelassen, in denen Wein gelagert wurde. Geduckt rannten die Geschwister weiter, bis sie ein Tor erreichten. Sie spähten um die Ecke. Julia und Quintus sahen gerade noch, wie die Soldaten in die Villa eindrangen.

In dieser Sekunde schlug ein Hund an. Ein anderer stimmte in das Gebell mit ein. Stimmen wurden laut. Befehle erschallten.

Die Geschwister sprinteten über einen Kiesweg zum Eingang des Herrenhauses. Schreie gellten. Quintus und Julia duckten sich hinter einen Ziehbrunnen. Zwei Legionäre schleiften einen gefesselten Sklaven aus dem Haus. Der Mann hatte offenbar seinen Herrn verteidigen wollen. Dann kehrte wieder Ruhe ein. Eine gespenstische Stille. Wo steckte Flavius? War er überhaupt in seiner Villa?

Quintus ergriff die Initiative. Er schlich sich in das Haus, seine Schwester im Schlepptau. Dunkelheit empfing sie. Nicht einmal das Mondlicht hatte eine Chance, denn aus Angst vor Einbrechern gab es in den Villen im Erdgeschoss keine Fenster. Quintus legte einen Finger auf die Lippen, schob sich auf Zehenspitzen vorwärts. Er erreichte das Atrium mit seinem Regenbecken in der Mitte. Quintus hielt sich links, gelangte zu einem Raum, huschte hinein. Er lauschte. Nichts. Nur sein Herz pochte so laut, dass er fürchtete, sich zu verraten. Er wandte sich um. Julia? Auch nichts.

Quintus verließ den Raum, ging mit nach vorn ausgestreckten Armen weiter. Plötzlich griff er in etwas Weiches. Quintus fuhr zurück. Zart, wie ein Schleier, wehte der unsichtbare Feind in sein Gesicht. Der Junge unterdrückte einen Schrei. Doch dann

packte er zu – nur ein Stück Stoff, stellte er erleichtert fest. Ein Vorhang, der einen Raum vom Atrium
abtrennte. Es roch ganz leicht nach Essen. Quintus
vermutete, dass er vor dem Triclinium von Flavius
stand.

Jemand berührte seine Schulter. Quintus' Nacken-
haare stellten sich auf.

„Sei doch nicht so schreckhaft, Brüderchen", wisperte Julia und kicherte.

Quintus fand die ganze Situation nicht besonders
spaßig, blieb aber nach außen gelassen. „Es ist sinn-
los, hier weiterzusuchen. Man kann absolut nichts
sehen", antwortete er.

„Wir brauchen Licht", stimmte ihm die Schwester zu. Quintus machte draußen einen Schimmer aus, nahm Julia an der Hand und führte sie aus dem Haus. Dort empfing die Geschwister der Schein vieler Fackeln. Sie tauchten den Vorplatz der Villa und das Lager mit den Weinfässern in warmes Licht. Die Legionäre erstatteten dem Zenturio Meldung. Nein, man habe keine Spur von Flavius finden können. Weder im ersten Stock noch im Arbeitertrakt noch in den Ställen.

Julia und Quintus gesellten sich unauffällig hinzu und beobachteten die Szene. Plötzlich wurden Julias Augen schmal.

Der Zenturio wollte gerade den Rückzug anordnen, als das Mädchen meinte: „Ich glaube, wir sollten noch etwas bleiben."

Der Kommandant sah Julia verdutzt an: „Mein Kind, aus meiner Sicht ist es schlimm und gefährlich genug, dass ein *Musculus* wie du überhaupt hier draußen ist. Und jetzt willst du uns im Ernst auch noch Ratschläge erteilen, beim Mars?"

Julia nickte: „Erstens: Ich bin kein Mäuschen. Zweitens: Verhaftet endlich Flavius. Ich habe ihn nämlich entdeckt."

Wo hat sich Flavius versteckt?

DER ÜBERFALL DER MASKENMÄNNER

Beim Frühstück am nächsten Morgen mussten die Geschwister die Erlebnisse der Nacht wieder und wieder in allen Einzelheiten schildern.

„Im Weinfass!", lachte Tulliola. „Da gehört Flavius auch hin!"

Scorpus blieb nachdenklich: „Dennoch ist es schade. Ich habe Flavius für einen Freund gehalten. Was für eine Enttäuschung."

„Hauptsache, er kann uns nicht mehr gefährlich werden", meinte Quintus kauend. „Aber wir müssen auf der Hut sein, solange Gnaeus frei rumläuft. Wir werden dich heute zum Rennen begleiten und genau aufpassen, Vater."

Scorpus' Augen leuchteten: „Das Rennen! Gut, dass mein Bein kaum noch schmerzt. Ich werden siegen, beim Mars. Und Kleopatra wird mir Beifall spenden." Er fing den vernichtenden Blick seiner Frau auf. „Du natürlich hoffentlich auch, Haselmäuschen", ergänzte er schnell.

Zur gleichen Zeit bereitete sich auch Julius Cäsar gedanklich auf die Spiele vor. Er hatte Schlachten

gegen Helvetier, Nervier, Aquitaner und Briten gewonnen, er hatte Gallien und Spanien erobert, aber
galt das auch für das Herz der schönsten Frau, die er
je gesehen hatte und die jetzt in seinem Gästehaus
weilte? Kleopatra war nicht nur schön, sie war auch
klug und vor allem anspruchsvoll. Cäsar musste ihr
die Größe Roms – und damit auch seine Größe – beweisen. Die Spiele konnten für dieses Ziel ein will-
kommenes Mittel sein.

„Bring mir den Rennleiter!",
befahl der Diktator einem
Sklaven.

Es vergingen keine fünf Minuten, bis Numerius vor dem Herrscher stand.

„Wie sieht es aus, Numerius: Werden die Spiele gut?", fragte Cäsar lauernd.

„Natürlich, das werden sie!", sagte der Rennleiter voller Demut.

„Das reicht nicht!", knurrte Cäsar. „Ich brauche keine guten Spiele, ich brauche sehr gute! Ach, was sage ich: Ich brauche die besten! Einmalige Spiele, dramatische, sensationelle – hast du mich verstanden?"

Numerius zitterte jetzt am ganzen Körper: „Ja, oh Cäsar!"

„Das rate ich dir. Denk an die Löwen. Du bist vielleicht ein bisschen dünn, Numerius. Aber als Appetitanreger würden dich die Löwen dennoch zu schätzen wissen!"

Numerius führte kurz darauf die Pompa an, den Festzug mit den Götterbildern, der die Spiele einleitete. Die Prozession marschierte vom Kapitol zum Circus Maximus. Im Zug liefen Priester und viele römische Jugendliche mit. Begleitet wurden sie von einem bunten Tross: Vor allem Musikanten und Tänzer waren darunter. Andere zogen kleine Wagen, auf denen witzige Anspielungen auf aktuelle Ereignisse nachgebildet waren. Das Volk jubelte dem Zug von allen Seiten zu.

Zeitgleich herrschte Hektik in den Ställen des Circus Maximus. Scorpus und seine Kinder versorgten in ihrer Box die Pferde, kratzten ihre Hufe aus, gaben ihnen zu fressen und zu trinken. Die drei schmierten die Deichsel des Rennwagens, sie überprüften Scorpus' Ausrüstung, vom Helm bis zur Peitsche, und das

Zaumzeug. Normalerweise verrichteten diese Arbeiten Sklaven wie Archagathos. Aber nach den Erfahrungen beim letzten Rennen hatte Scorpus jede Hilfe abgelehnt – außer der seiner Kinder. „Lasst mir bloß nicht die Wassereimer aus den Augen!", bat Scorpus, der bereits die blauen Farben seines Rennstalls trug.

„Klar doch!", antworteten die Geschwister wie aus einem Mund.

„Hängst du immer noch deiner Verschwörertheorie nach? Das ist doch lächerlich", erklang da die Stimme von Mollicius in seinem roten Rennfahrer-An-

zug. „Ich habe dich beim letzten Mal fair geschlagen. Gib es endlich zu. Deine Zeit ist vorbei, du bist zu langsam, Scorpus!"

„Die Antwort gebe ich dir auf der Rennbahn, du großmäulige Schnecke!", erwiderte Scorpus kalt. Er stand Mollicius jetzt direkt gegenüber. Beide Rennfahrer hatten die Fäuste geballt.

„Ich werde dich dahin schicken, wo du hingehörst: in den Staub der Arena", drohte Mollicius.

„Das werden wir ja sehen. Und jetzt verschwinde!", gab Scorpus zurück.

Mollicius stolzierte mit einem überheblichen Lächeln davon. Am Ausgang kam er an Aulus vorbei.

„*Ave!*", grüßte der Seher Scorpus und dessen Kinder. „Interessiert es euch, was die Götter zum Rennausgang sagen?"

Scorpus, Julia und Quintus nickten.

„Dann kommt!" Gemeinsam traten die vier vor die Tür. Niemand achtete mehr auf Scorpus' Pferde. Plötzlich löste sich ein Schatten aus dem hinteren Teil des Stalles. Rasch näherte sich eine Gestalt den Eimern, sah sich um und kippte den Inhalt einer Amphore in das Wasser für die Tiere. Dabei stieß sie gegen eines der Gefäße. Ein verräterisches Geräusch – die Gestalt erstarrte. Doch niemand schenkte dem Attentäter Beachtung. Auf Zehenspitzen schlich der Mann davon.

„Es tut mir leid, aber Mollicius wird siegen", meinte unterdessen Aulus an der Stalltür. „So ist der Wille der Götter. Ich hoffe, du verzeihst mir, Scorpus, dass ich ein kleines Sümmchen auf Mollicius gesetzt habe. Dennoch: Viel Glück!"

„Lass dir nichts einreden!", bat Julia ihren Vater. „Du bist stark genug, zeig es ihnen!" Sie zog ihn zu den Pferden. „Konzentriere dich allein auf das Rennen." Sie stoppte. „He, was ist das? Stand der Eimer

vorhin nicht woanders?" Das Mädchen kniete sich hin und roch an dem Wasser. Julia verzog das Gesicht. „Das riecht seltsam, beim Jupiter. Lasst uns das Wasser lieber ausschütten." Vater und Bruder halfen ihr.

„Hoffentlich haben die Pferde noch nichts davon getrunken!", meinte Quintus. In dieser Sekunde erhielt er von hinten einen solchen Stoß, dass er hart auf dem Boden landete. Als Quintus sich aufrappelte, sah er, dass sich zwei Männer auf seinen Vater gestürzt hatten. Der eine war dick und verbarg sein wahres Gesicht unter einer Maske mit einer lachenden Fratze. Der andere, hager von Gestalt, trug eine Maske, die ein weinendes Antlitz zeigte. Er schlug mit einer Holzlatte auf Scorpus ein, traf ihn an der Brust. Der Rennfahrer schrie auf, fiel hin. Der nächste Hieb erwischte die rechte Kniescheibe.

„Du wirst nicht an den Start gehen", brüllte der Dünne und holte abermals mit der Latte aus. In diesem Moment fuhr eine Forke in seine Beine. Der Hagere brüllte auf: „Wer war das?"

„Ich!", rief Quintus. „Und das war noch nicht alles!" Er sprang den Mann an, bekam die Latte zu fassen, riss daran. Sie fielen ins Heu, wälzten sich darin, prügelten aufeinander ein.

„Jetzt reicht es", zischte der zweite Angreifer. In der Hand des Dicken blitzte ein Schwert. „Ich werde dich töten!"

Doch er hatte nicht mit Julia gerechnet. Das Mädchen packte einen Schemel und meinte entschlossen: „Nun kommt dein Vorhang, Dicker, Ende der Vorstellung!"

Zack! Mit viel Schwung landete der Schemel auf dem Kopf des Schwertträgers. Der ließ seine Waffe fallen, brach zusammen.

Julia kam ihrem Bruder zu Hilfe. Der Hagere warf die Geschwister zurück, hielt sie mit der Stange auf Distanz, drehte sich um und rannte davon.

Die Geschwister wollten ihm nachsetzen, doch die Hilferufe ihres Vaters stoppten sie. Julia und Quintus kauerten sich neben ihn: „Bist du verletzt?"

„Mein Knie, mein Knie!", jammerte Scorpus. „Ich brauche einen Arzt. Und holt die Legionäre. Aber vorher fesselt den Kerl da!" Er deutete auf den Dicken.

Julia beugte sich über den Bewusstlosen und zog ihm die Maske vom Gesicht. „Gnaeus, ich hab's doch gewusst. Im Theater habe ich dich noch gewarnt: Wenn mir einer dumm kommt und ich zufällig einen Schemel in der Hand habe ...", flötete das Mädchen.

„Nun fesselt ihn schon!", ordnete ihr Vater an. Die Geschwister gehorchten augenblicklich.

Der Rennfahrer versuchte aufzustehen. Doch schmerzverzerrt ließ er sich auf den Boden fallen. Julia und Quintus flitzten auf der Suche nach einem Arzt aus dem Stall. Dort stand Aulus und war in ein Gespräch mit einem anderen Mann vertieft. Es ging um eine Wette. Der Augur sagte gerade mit einer großen Geste: „Heute Morgen, als ich die heiligen Hühner beobachtete, sah ich, dass sie ..."

„Aulus, wir sind überfallen worden!", rief Quintus aufgeregt.

„Was ist passiert, beim Jupiter?", fragte Aulus entsetzt.

„Vater wurde verletzt. Zwei maskierte Männer waren es", erläuterte das Mädchen.

Der Augur riss die Augen auf: „Kann er etwa nicht am Rennen teilnehmen? Das wäre ja eine Tragödie!"

„Sieht so aus. Wir müssen den Arzt holen", sprach Julia traurig.

Aulus schüttelte den Kopf: „Armer Scorpus. Ausgerechnet heute, wo Cäsar und Kleopatra beim Rennen sind, wird er am Knie verletzt. Euer Vater hatte sich doch so auf diesen Tag gefreut. Aber ich habe es ja gesagt: Die Götter sind nicht auf seiner Seite ..."

Julia und Quintus ließen ihn stehen, alarmierten den Arzt und eine Patrouille. Auf dem Rückweg blieb das Mädchen mit einem Mal stehen.

„Was ist? Wir müssen zu Papa!", rief der Bruder verärgert.

„Warte doch mal, mir ist da was aufgefallen ..."

„Erzähl mir das später. Wir haben jetzt keine Zeit zu verlieren, beim Janus!"

„Es ist wichtig! Denn ich glaube, die Soldaten können auch gleich Aulus festnehmen."

„Bist du von Sinnen?", schnauzte sie Quintus an.

„Ganz und gar nicht. Aulus war der zweite Angreifer im Stall. Er hat sich verraten!"

Wodurch hat sich Aulus verraten?

Das Duell

„Du hast recht!", stammelte Quintus entgeistert. „Aulus hätte gar nicht wissen dürfen, dass Papa am Knie verletzt wurde."

„So ist es. Das wusste er nur, weil er dabei war!", rief das Mädchen. Sofort weihten die Geschwister die Patrouille ein. Die Legionäre griffen routiniert und so überraschend zu, dass Aulus keine Chance hatte, sich der Festnahme zu widersetzen.

Der Mediziner kümmerte sich unterdessen um Scorpus. „Wir kennen uns doch", begrüßte der Arzt den Verletzten. „Du hast Sinn für Abwechslung, Scorpus. Nun ist es das andere Bein. Lass mich mal sehen." Der Mediziner untersuchte das Knie und meinte: „Es schwillt stark an. Vermutlich eine schwere Prellung."

„Aber ich muss am Rennen teilnehmen!", beharrte Scorpus trotzig.

„Sei nicht albern. Du kannst ja noch nicht mal stehen!", beschied ihn der Arzt.

Der Rennfahrer fluchte. „Daran ist nur dieser Mistkerl schuld", erregte er sich und zeigte auf den Auguren, den die Legionäre gerade zusammen mit

Gnaeus, den man auf eine Trage verfrachtet hatte, abführen wollten. „Warum hast du das getan, beim Jupiter? Rede!"

Aulus blickte ihn kalt an: „Für Ruhm und Geld. Zwei Dinge, nach denen auch du strebst. Flavius, Gnaeus und ich lieben die Welt der Bühne. Unser Plan war, ein eigenes Theater zu bauen. Dort wollten wir unsere Theaterstücke zeigen und die Hauptrollen spielen."

„Also war Gnaeus gar kein Stallbursche!", rief Quintus dazwischen. „Wir haben es doch geahnt!"

„Das stimmt. Gnaeus war ein ziemlich eigensinniger Darsteller, den niemand engagieren wollte. Außerdem hatte er viel Geld beim Wetten verloren. Deshalb hoffte er auf eine große Karriere als Schauspieler – in seinem eigenen Theater. Auch Flavius war hoch verschuldet", führte Aulus aus. „Dieser

Trinker hatte es doch fast geschafft, sein Erbe durchzubringen. Wie Gnaeus sah er seine letzte Chance auf der Bühne." Der Seher senkte die Stimme und fuhr fort: „Wir brauchten Geld, viel Geld. Und da hatte ich die Idee mit den Wetten. Ich besorgte das Beruhigungsmittel für die Pferde, mischte es mit wohlschmeckenden Kräutern und gab es Gnaeus – wie in jener Nacht, als ihr uns im Wirtshaus fast auf die Schliche gekommen seid."

„Dann warst du der Mann mit der Kapuze", folgerte Julia.

Aulus nickte und fuhr fort: „Gnaeus schlich sich in die Ställe ein und goss das Baldrian-Gemisch bestimmten Tieren ins Wasser."

„Das tat er dann wohl auch vor zwei Tagen, als ich gegen Mollicius verlor", ahnte Scorpus.

„So war es", gestand Aulus. „Sobald das geklappt hatte, ließen wir Flavius per Boten eine verschlüsselte Botschaft zukommen, auf welchen Rennfahrer er möglichst viele Sesterze setzen sollte." Er lächelte in sich hinein. „Das Ganze hatte noch einen wunderbaren Nebeneffekt: Auf diese Art und Weise wäre ich zum besten Seher Roms geworden. Zu Aulus, dem Einzigartigen!"

„Aber dann hättest du mich beim letzten Mal doch

auch gewinnen lassen können", warf Scorpus ein. „Du hättest nur meinen Sieg vorhersehen müssen."

„Aber nein. Deine Siege sind aus der Sicht eines Auguren nichts Besonderes, weil du oft der Favorit bist. Die Kunst eines Sehers bestand darin, den Sieg des Außenseiters Mollicius vorherzusehen", erläuterte Aulus von oben herab.

„Was ist mit Mollicius? Hat der mit der Sache gar nichts zu tun?", hakte Scorpus nach.

Aulus winkte ab: „Mollicius? Nein, der ist unschuldig."

Für einen Moment kehrte Schweigen ein. Dann sagte Julia: „Eine Frage habe ich noch. Haben deine Augen wirklich geblutet, als du dir die Leber des Schafes angesehen hast?"

Wieder lächelte der Augur: „Nicht doch. Als ich mir die Hände vors Gesicht schlug, zerdrückte ich dabei heimlich kleine Kapseln mit Ochsenblut auf meinen Wangen. Das gehört zur Schau. Ein bisschen Dramatik würzt die Sache nun einmal. Das ist wie beim Theater. Manchmal glaube ich, dass die ganze Welt ein einziges Theater ist."

Draußen wurde Musik laut.

„Der Festzug hat den Circus erreicht. Gleich geht das Rennen los", meinte Scorpus niedergeschlagen.

„Aber ohne diese Herren hier", sagte einer der Soldaten und deutete auf Aulus und Gnaeus. „Abführen! Vorwärts!"

„Und ohne diesen", ergänzte der Arzt und zeigte auf Scorpus. „Jedenfalls wird er keine Quadriga steuern."

Als die Soldaten mit den Gefangenen weg waren, startete Scorpus einen zweiten Versuch beim Arzt: „Kann ich nicht doch – ich meine, es käme schließlich auf einen Versuch an, ob ich nicht vielleicht ..."

„Vergiss es, beim Janus. Wie oft soll ich dir das noch sagen!", kam es barsch vom Mediziner zurück.

Draußen schwoll der Lärm an. Der Circus hatte sich inzwischen mit über einhunderttausend Zuschauern gefüllt, unter denen auch Tulliola war. Die Pompa marschierte gerade auf die Loge von Julius Cäsar und Kleopatra zu.

Da trat Quintus an seinen Vater heran. Er nahm seinen ganzen Mut zusammen und sagte: „Lass mich für dich die blauen Farben tragen!"

„Du?", rief der Rennfahrer entgeistert.

„Ja, ich. Ich habe dir oft genug bewiesen, dass ich den Wagen lenken kann. Außerdem haben wir jetzt nichts mehr zu verlieren."

Scorpus schüttelte den Kopf: „Oh doch. Du könntest dein Leben verlieren."

„Ich werde aufpassen, ich verspreche es dir", meinte Quintus fest. „Bitte, Vater!"

Scorpus dachte nach. Es war die schwierigste Entscheidung, die er jemals gefällt hatte.

Der Rennleiter erhob sich. Auf seinem Kopf trug er einen Kranz mit goldenen Blättern. Ein Zepter aus Elfenbein, das von einem Adler mit ausgebreiteten Flügeln gekrönt war, hielt Numerius in der linken Hand. In seinem Rücken spürte er den Blick von Julius Cäsar. Neben dem Herrscher saß Kleopatra.

Numerius betete insgeheim zu den Göttern, dass es ein guter Einfall gewesen war, Mollicius gegen Scorpus antreten zu lassen. Das Volk wollte die Revanche mit Sicherheit – aber interessierte dieses Rennen auch Kleopatra? Numerius wagte es, einen scheuen Blick auf die Königin zu werfen. Ein amüsiertes, aber auch leicht spöttisches Lächeln zierte das schöne Gesicht der Herrscherin vom Nil. Der Rennleiter wurde aus Kleopatra nicht klug.

Die Trompeten, die den Beginn eines Rennens ankündigten, verstummten. Numerius seufzte. Dann schwenkte er das weiße Tuch vor seiner Tunica.

Die Menge packte ein wahres Fieber. Fahnen in den Farben der Rennställe – Blau, Rot, Grün und Weiß – wurden geschwenkt. Scorpus war trotz seiner Schmerzen unter den Fans. Mit Julia und Tulliola feuerte er seinen Sohn an.

Unter der Tribüne nahmen die Rennwagen Aufstellung. Die Quadrigen von Quintus und Mollicius standen direkt nebeneinander. Sie wurden von Seilen zurückgehalten, die quer über die Bahn gespannt waren.

Quintus war heiß und kalt zugleich. Er tastete nach dem Amulett an seinem Hals. Sein Glücksbringer. Dann packte Quintus wieder die Zügel. Er hatte Mühe, die vier Pferde im Zaum zu halten. Sie schnaubten ungeduldig. Vor allem Tami, der links an der Innenseite der Rennbahn ging, war kaum zu bändigen.

Numerius beugte sich über das Geländer der Tribüne. Das Tuch verließ seine Hand, segelte hinab. Der Start! Die Leinen sanken zu Boden. Der Circus Maximus verwandelte sich in ein Tollhaus.

Quintus sah das alles wie in Zeitlupe. Er reagierte automatisch – seine Pferde stoben los, stürzten sich in das Rennen. Auf den ersten dreihundert Metern waren alle Gespanne auf gleicher Höhe. Erst dann

setzten sich der grüne und der weiße Rennfahrer ein
wenig ab. Sie rasten als Erste auf die Wendemarke
zu.

Quintus sah die Meta heranfliegen, er riss an den
Zügeln, bremste den Wagen ab, zog nach innen,
quetschte sich vor Mollicius an die dritte Stelle.
Staub und Sand, den sein Vordermann hochschleu-
derte, spritzten in Quintus' Gesicht. Er kniff die Augen zusammen. Jetzt war der Rappe besonders gefor-
dert. Tami musste in möglichst engem Bogen die
Kurve nehmen. Die Quadriga legte sich auf die Seite,
Holz knarzte. Der Wagen schleuderte auf einem Rad
herum, Quintus wurde weit nach außen gedrückt,

Mollicius zog mit höhnischem Lachen innen vorbei, Quintus war Letzter!

„Er muss die Kurve steiler angehen!", rief Scorpus verzweifelt.

„Quintus macht das schon", war Julia überzeugt.

Ihr Bruder arbeitete sich wieder an das Feld heran. Er hielt sich im Windschatten von Mollicius, sparte so die Kraft seiner Pferde.

„Sehr gut, den Trick hat er von mir!", jubelte Scorpus. „Jetzt muss er nur im richtigen Moment rausziehen, und schon ist er vorbei!"

„Ganz ruhig bleiben", beschwichtigte Tulliola, bevor auch sie wieder brüllte. „Quintus, Quintus!"

Du hast es gerade nötig, dachte Scorpus und lächelte.

Runde für Runde näherten sich Mollicius und Quintus den beiden Führenden, die sich ein spannendes Kopf-an-Kopf-Rennen lieferten. Die letzte Runde kam. Jetzt holten die Fahrer alles aus sich und den Tieren heraus.

An der Kehre passierte es: Der grüne Rennwagen geriet ins Schleudern, stellte sich quer, überschlug sich. Der Fahrer wurde aus der Quadriga geschleudert und von den Pferden mitgeschleift. Sein Wagen stand mitten in der Ideallinie, die um die Meta führte. Der weiße Fahrer versuchte auszuweichen, verlor die Kontrolle über seine Pferde, die auf die Außenwand der Arena zugaloppierten. Im letzten Moment schnitt der Wagenlenker die Zügel durch und rettete sich mit einem Sprung auf den harten Sandboden.

Mollicius und Quintus erkannten die Gefahr rechtzeitig und umfuhren die Unfallstelle geschickt. Und jetzt wagte Quintus den Angriff auf seinen Widersacher. Im rasenden Galopp löste sich das Gespann aus dem Windschatten, schob sich langsam auf eine Höhe mit dem Vordermann.

Mollicius prügelte auf seine Tiere ein. Doch es war umsonst, der junge Gegner in den blauen Farben würde ihn gleich überholen. Der Mann in Rot lenkte nach außen, versuchte Quintus abzudrängen. Die Rennwagen berührten sich, Holz krachte, Splitter flogen. Aber Quintus hielt unbeirrt die Position. Da schwang Mollicius mit wutverzerrtem Gesicht die Peitsche hoch über sich und ließ sie auf Quintus' Nacken sausen.

Der Junge schrie auf. Er nahm seine Peitsche, wollte zurückschlagen. Doch Quintus war einen Moment zu langsam: Ein zweiter Hieb erwischte seine Hand, die die Peitsche führte. In hohem Bogen flog sie weg.

Mollicius setzte nach, sein nächster Schlag verletzte Quintus an der Stirn. Der Junge spürte etwas Warmes über sein Gesicht laufen – Blut! Feine Schleier zogen vor seinen Augen auf. Jetzt nur nicht ohnmächtig werden! Quintus sah alles nur noch verschwommen. Er begann auf dem Wagen zu schwanken, die Zügel drohten ihm aus den Händen zu gleiten. Gerade noch schaffte er es, seinen Wagen aus der Reichweite von Mollicius' Waffe zu lenken.

Mollicius lachte höhnisch: „Du wirst im Staub landen wie dein Vater!"

Dadurch kam Quintus wieder zu sich. Nein!, feuerte er sich an. Nicht so, nicht jetzt, nicht hier! Kämpfe! Er packte die Zügel wieder fester, riss den Wagen nach innen. Seine Quadriga fuhr dem rechtem Pferd von Mollicius in die Parade, die Stute drängte nach innen, brachte die anderen Tiere aus dem Tritt, das Gespann verlor an Fahrt – Quintus hatte es geschafft, er war an Mollicius vorbei!

„Ja!", schrie Quintus und reckte eine Faust in den Himmel. Jetzt hatte er freie Bahn, nur noch zweihundert Meter trennten ihn vom Sieg!

Von den Rängen brandete tausendfacher Beifall auf.

„Seht ihr das, seht ihr das? Der Junge gewinnt!" Scorpus wollte wie alle anderen aufspringen, aber ein stechender Schmerz in seinem Knie hinderte ihn daran.

„Wir sehen es!", lachte seine Tochter. „Aber du?"

„Sehr witzig! Schafft er es? Nun sagt schon, beim Jupiter!"

Julia und Tulliola griffen ihm unter die Arme und halfen ihm hoch.

So wurde auch Scorpus Zeuge eines ungewöhnlichen Sieges. Sein Sohn überquerte als Erster die weiße Linie vor der Kampfrichtertribüne. Begeisterter Jubel umtoste Quintus, der freudestrahlend ins Volk winkte.

Sogar Julius Cäsar erhob sich und spendete Beifall. Er warf einen Blick auf Kleopatra. Ägyptens Königin nickte anerkennend: „Nicht schlecht für euch Römer", sagte sie.

Cäsar winkte Numerius herbei: „Nicht schlecht, du hast es gehört. Immerhin. Aber wie konnte der junge, unbekannte Kerl gewinnen, beim Mars?"

Numerius zögerte. Mit weichen Knien gab er zu: „Ich weiß es nicht. Ich kenne ihn nicht einmal."

„Dann war es der Wille der Götter. Und die Götter haben immer recht."

„Ja", sagte der Rennleiter erleichtert. *„Ita diis placuit."* Wie es den Göttern gefiel ...

LÖSUNGEN

Verlierer im heißen Staub

Liest man das Wort Suicillom rückwärts, erhält man Mollicius. Auf dem geheimnisvollen Pergament stand also der Name des Siegers vom ersten Rennen.

Verräterische Antworten

Gnaeus ist verdächtig. Er sprach davon, dass es nicht leicht sei, den Pferden etwas ins Wasser zu schütten. Dieses Detail hatten die Geschwister nicht erwähnt.

Ein Mann wird gejagt

Gnaeus flieht ins Pompeius-Theater.

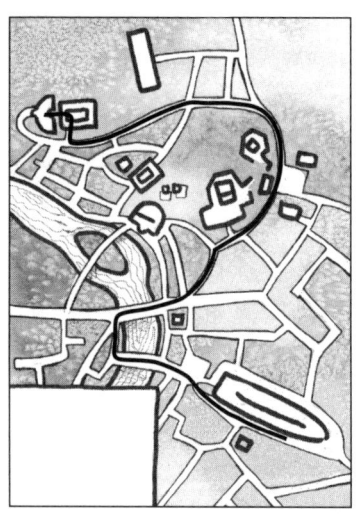

Böses Spiel im Theater
Die Schatten geben Aufschluss: Sie zeigen einen dicken Mann. Gnaeus war der einzige Dicke in der Schauspielergruppe.

Das rätselhafte Puzzle
In der Amphore war Baldrian.

Ein unheimlicher Auftritt
Flavius spricht von „verschlüsselten Botschaften". Dass die Botschaft verschlüsselt war, hatte Quintus aber gar nicht erwähnt.

Eine Villa wird gestürmt
Flavius hat sich in einem der Weinfässer versteckt. Ein Stück seiner Tunica und seine Finger ragen unter dem Deckel hervor.

Der Überfall der Maskenmänner
Aulus verriet sich dadurch, dass er wusste, dass Scorpus am Knie verletzt wurde. Julia hatte aber lediglich von einer Verletzung gesprochen.

GLOSSAR

Amphore: großes Tongefäß mit zwei Henkeln zum Lagern von Wein, Öl, Fischsoße u. a.

Atrium: Innenhof eines römischen Hauses

Augur: Priester, der göttliche Zeichen deutete

Ave: Sei gegrüßt!

Basilika: mehrschiffige Halle

Carceres: Ställe

Cauponae: Wirtshäuser

Diktator: Alleinherrscher mit uneingeschränkter Gewalt

Domus: Haus

Epos: älteste Form der epischen Dichtung (erzählende Dichtung in Versform)

Gerres: in Salzlake konservierte Fische

Janus: zweigesichtiger Gott allen Anfangs. Sein Heiligtum am Forum in Rom war in Kriegszeiten geöffnet, in Friedenszeiten geschlossen (das heißt, die Tore waren eher selten zu).

Jupiter: der „beste" und „größte" aller Götter der Römer

Lacerna: Mantel mit Kapuze

Laren: Hausgötter

Lavatrina: römisches, privates Bad

Legionär: Soldat

Liquamen: Fischsoße

Mappa: weißes Tuch, mit dem der Start eines Rennens eingeleitet wurde

Mars: Kriegsgott

Mercurius: Gott des Handels, als Götterbote dargestellt, mit geflügelten Schuhen und Flügelhut

Meta: Wendemarke beim Wagenrennen

Musculus: Mäuschen

Patrizier: Angehöriger des Adels, oberste Klasse der römischen Gesellschaft

Pompa: Festzug

Prandium: leichte Mahlzeit zwischen elf und zwölf Uhr

Quadriga: zweirädriger Rennwagen, vor den vier Pferde gespannt waren

Sesterz: römische Münze

Stola: Kleidungsstück der vornehmen Römerin. Das lange Stück Stoff wurde in der Taille befestigt und über die Schulter gelegt. Es war unten mit einem Purpurstreifen verziert.

Thermopolium: Garküche

Toga: Männerkleidungsstück. Ein großes, halbkreisförmiges Stück Stoff, das nur von römischen Bürgern getragen werden durfte.

Triclinium: Speisezimmer

Tunica: Kleidungsstück; zwei rechteckige Stoffstücke aus Wolle, die an den Seiten und auf den Schultern zusammengenäht wurden und Öffnungen für Beine und Arme frei ließen. Die Tunica reichte bei Frauen bis zu den Waden hinab, die Männer trugen sie kürzer. Gewöhnlich hatte sie keine Ärmel.

Villa: Landgut, aber auch Ferien- oder Herrenhaus

Zenturio: bewährter Soldat, der eine Hundertschaft von Soldaten führen durfte

ZEITTAFEL

100 v. Chr.	Julius Cäsar wird geboren.
60 v. Chr.	1. Triumvirat: Pompeius, Crassus und Cäsar
59 v. Chr.	Konsulat des Julius Cäsar
56 v. Chr.	Erneuerung des Triumvirats
55 v. Chr.	Provinzverteilung; Cäsar erhält Gallien, Pompeius Spanien und Crassus Syrien
53 v. Chr.	Niederlage und Tod des Crassus gegen die Parther
58–51 v. Chr.	Eroberung Galliens durch Cäsar
52 v. Chr.	Anarchie in Rom (Bandenkämpfe). Der Senat bestimmt Pompeius zum Konsul ohne Kollegen (sine collega) und fordert von Cäsar, dass dieser sein Amt niederlegt und sein Heer auflöst. Cäsar weigert sich.
7. 1. 49 v. Chr.	Der Senat beauftragt Pompeius, die Republik gegen Cäsar zu verteidigen.
49–46 v. Chr.	Bürgerkrieg gegen Pompeius. Cäsar überschreitet den Rubicon, erobert Rom und Italien.
9. 8. 48 v. Chr.	Niederlage der Pompejaner im griechischen Pharsalus
48–47 v. Chr.	Alexandrinischer Krieg (Ägypten). Cäsar siegt am Nil und setzt Kleopatra als Königin von Ägypten ein
47 v. Chr.	Leichter Sieg Cäsars bei Zela (Kleinasien) (*veni, vidi, vici* = ich kam, sah, siegte).
46 v. Chr.	Sieg Cäsars bei Thapsus (Nordafrika) über weitere Verbände der Pompejaner.
45 v. Chr.	Cäsar wird Diktator auf Lebenszeit, Konsul auf zehn Jahre und Oberbefehlshaber des Heeres.
15. 3. 44 v. Chr.	Verschwörung von Senatoren unter Gaius Cassius und Marcus Junius Brutus. Cäsar wird erstochen.

Julius Cäsar
und seine Zeit

Wer war Julius Cäsar?

Wie viele römische Adelige begann Julius Cäsar seine Laufbahn bei der Armee. Er diente im Ostteil der römischen Republik. Bei der Rückkehr nach Rom bekleidete er verschiedene politische Ämter, zum Beispiel das des obersten Finanzbeamten in Spanien. Später war er verantwortlich für das öffentliche Bauwesen, stand an der Spitze des Priesterkollegiums und wurde 59 v. Chr. Statthalter in Spanien. Schließlich wurde er in das höchste Amt gewählt – er wurde Konsul. Zusammen mit einem zweiten Konsul hatte er die Gewalt über Regierung und Armee.

Cäsar übernahm die Verwaltung der Provinzen in Norditalien und Gallien. Er beschloss, das römische Gebiet nicht nur besser abzusichern, sondern auch zu vergrößern. In zehn Jahren eroberte er ein riesiges Gebiet. Seine erfolgreichen Feldzüge brachten Cäsar viele Bewunderer, aber auch Neider ein. Sein Rivale Pompeius überredete 49 v. Chr. den Senat, Cäsar den Befehl zur Auflösung seiner Armee zu geben. Als dieser sich weigerte, kam es zum vierjährigen Bürgerkrieg, den Cäsar gewann. Cäsar war nun der mächtigste Mann in Rom, er wurde „Diktator auf Lebenszeit". Damit war Rom keine Republik mehr, in der das Volk die Regierenden wählen konnte.

Bereits ein Jahr darauf verschworen sich 60 Senatoren unter der Leitung von Gaius Cassius und Marcus Junius Brutus gegen Cäsar und erstachen ihn am 15. März 44 v. Chr. vor dem Senat.

Die Wagenrennen

Im Circus Maximus fanden verschiedene Arten von Spielen statt: von Scheinkämpfen zu Pferd und Elefantenkämpfen bis zu akrobatischen Kunststücken galoppierender Reiter. Vor allem aber fanden die Wagenrennen statt, die mehr als irgendein anderes Schauspiel die Römer in ihren Bann zogen.

Diese Rennen waren so populär, weil sie als gesellschaftlicher Treffpunkt galten. Außerdem wurden zum Teil sehr hohe Wetten auf die Sieger abgeschlossen.

Doch auch Todesfälle gab es bei Wagenrennen immer wieder. Die Zuschauer erwarteten, dass die Fahrer beim Kampf um den Sieg Ernst machten. Deshalb starben manche Fahrer sehr früh – wie Tuscus nach 56 Siegen im Alter von 24 Jahren.

Manche Rennfahrer wurden berühmt und als Helden gefeiert. Die Anhänger des Fahrers Scorpus brachten Scorpus-Bilder zu den Rennen und schwenkten sie in der Luft. Erfolgreiche Wagenlenker konnten es zu einem Vermögen bringen. Der Fahrer Diocles wurde Millionär und ließ seine Laufbahn 146 n. Chr. an einem Steinmonument in Rom verewigen:

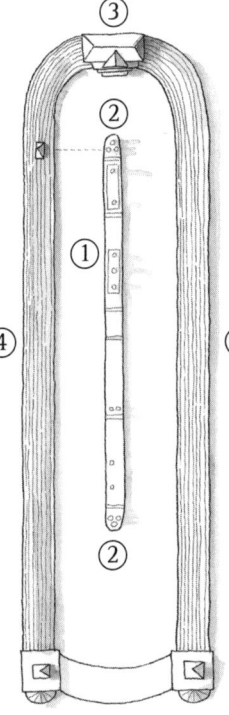

„Gaius Appuleius Diocles, Wagenlenker der Roten, Spanier von Geburt, 42 Jahre, 7 Monate und 23 Tage alt. Er fuhr 24 Jahre lang Wagenrennen, startete 4257-mal und siegte 1462-mal. Er führte neun seiner Pferde 100-mal und eines 200-mal zum Sieg."

Circus Maximus

Länge der Rennbahn: ca. 590 Meter
Zuschauerplätze: ca. 150 000

①   *Spina*

②   *Meta (Wendemarke)*

③   *Carceres (Ställe),*
     darüber Logen der Konsuln

④   *Zuschauertribünen (3 Ränge)*

Die Verfassung der römischen Republik

Nach dem Ende der Ständekämpfe (287 v. Chr.) waren die Hauptbestandteile der Verfassung der römischen Republik der Senat, der Magistrat und die Volksversammlung.

Der Senat bestand aus 300 Mitgliedern. Er beriet über alle inneren und äußeren Angelegenheiten der Republik, die Gesetzesentwürfe des Magistrats und entschied über die Staatsausgaben.

Die Amtszeit der Magistratsbeamten war auf ein Jahr beschränkt. Um die Willkür eines Einzelnen zu vermeiden, wurde jedes Amt doppelt besetzt. Konsuln waren für die Kriegführung, das Finanzwesen und die Gerichtsbarkeit zuständig. Prätoren waren für die Rechtsprechung verantwortlich. Ädilen hatten die Polizeigewalt inne, und Quästoren waren für die Verwaltung der Staatskasse verantwortlich.

An der Volksversammlung durften nur Männer, freie römische Bürger, teilnehmen. Sie stimmten über die Gesetze ab, die der Magistrat vorgelegt und über die der Senat beraten hatte. Dieses gemeinsame Beschließen von Senat und Volksversammlung äußert

sich in der Formel „Senatus Populusque Romanus"
(Senat und Volk Roms), abgekürzt SPQR.

Indem Cäsar im Jahr 45 v. Chr. Diktator auf Lebenszeit wurde, wurde die über zwei Jahrhunderte bestehende Verfassung außer Kraft gesetzt.

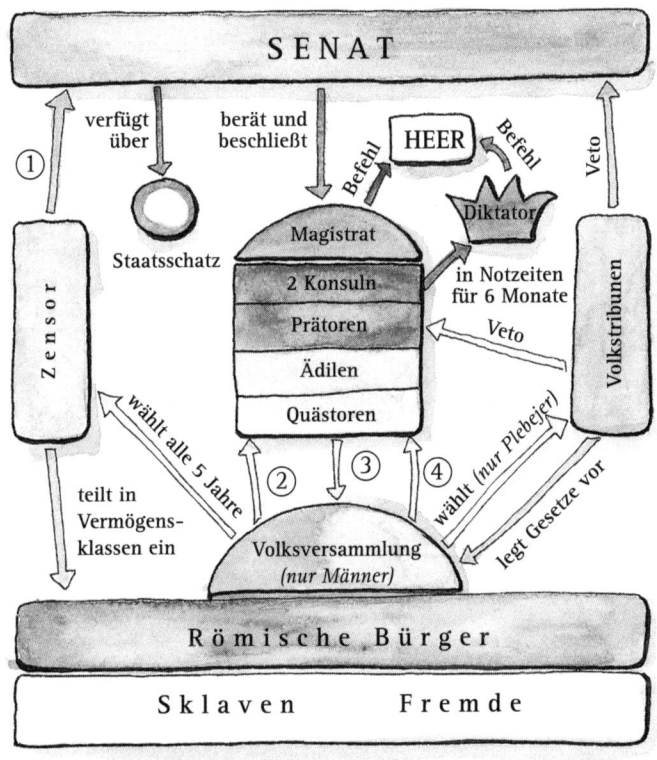

SENAT

verfügt über
berät und beschließt
HEER
Befehl
Befehl
Veto

① Staatsschatz

Diktator

Magistrat

Zensor

2 Konsuln

in Notzeiten für 6 Monate

Prätoren

Veto

Volkstribunen

Ädilen

Quästoren

wählt alle 5 Jahre

② ③ ④

wählt (nur Plebejer)

teilt in Vermögensklassen ein

legt Gesetze vor

Volksversammlung
(nur Männer)

Römische Bürger

Sklaven   Fremde

① ernennt/entlässt Senatoren   ③ legt Gesetze vor

② wählt jährlich   ④ bestätigt Gesetze

Fabian Lenk wurde 1963 in Salzgitter geboren. Der Musik-, Brettspiele- und Fußball-Fan studierte in München Diplom-Journalistik und Politik und ist heute als Redakteur tätig. Er hat seit 1996 sechs Kriminalromane für Erwachsene veröffentlicht, schreibt aber besonders gern für Kinder und Jugendliche. Fabian Lenk lebt mit seiner Familie in Norddeutschland.

Anne Wöstheinrich, geboren 1969, studierte Grafik-Design in Münster. Schon als Kind hat sie sich die Zeit mit Bildern vertrieben. Heute illustriert sie Kinder-, Jugend- und Schulbücher. Ihre beiden Töchter liefern ihr dafür viele Einfälle und Ideen.

Historische Ratekrimis

Geschichte erleben und verstehen!

Weitere Titel aus der Reihe:

- Der Mönch ohne Gesicht
- Gefahr für den Kaiser
- Spurensuche am Nil
- Anschlag auf Pompeji
- Das Geheimnis des Druiden
- Fluch über dem Dom
- Der Geheimbund der Skorpione
- Rettet den Pharao!